CB066288

O PRÍNCIPE

Conheça os títulos da coleção SÉRIE OURO:

365 REFLEXÕES ESTOICAS
1984
A ARTE DA GUERRA
A DIVINA COMÉDIA - INFERNO
A DIVINA COMÉDIA - PURGATÓRIO
A DIVINA COMÉDIA - PARAÍSO
A IMITAÇÃO DE CRISTO
A INTERPRETAÇÃO DOS SONHOS
A METAMORFOSE
A MORTE DE IVAN ILITCH
A ORIGEM DAS ESPÉCIES
A REVOLUÇÃO DOS BICHOS
ALICE NO PAÍS DAS MARAVILHAS
ALICE ATRAVÉS DO ESPELHO
ANNA KARENINA
CARTAS A MILENA
CONFISSÕES DE SANTO AGOSTINHO
CONTOS DE FADAS ANDERSEN
CRIME E CASTIGO
DOM CASMURRO
DOM QUIXOTE
FAUSTO
GARGÂNTUA & PATAGRUEL
MEDITAÇÕES
MEMÓRIAS PÓSTUMAS DE BRÁS CUBAS
MITOLOGIA GREGA E ROMANA
NOITES BRANCAS
O CAIBALION
O DIÁRIO DE ANNE FRANK
O IDIOTA
O JARDIM SECRETO
O LIVRO DOS CINCO ANÉIS
O MORRO DOS VENTOS UIVANTES
O PEQUENO PRÍNCIPE
O PEREGRINO
O PRÍNCIPE
O PROCESSO
ORGULHO E PRECONCEITO
OS IRMÃOS KARAMÁZOV
PERSUASÃO
RAZÃO E SENSIBILIDADE
SOBRE A BREVIDADE DA VIDA
SOBRE A VIDA FELIZ & TRANQUILIDADE DA ALMA
VIDAS SECAS

Conheça os títulos da coleção SÉRIE LUXO:

JANE EYRE
O MORRO DOS VENTOS UIVANTES

O PRÍNCIPE

NICOLAU MAQUIAVEL

TEXTO INTEGRAL
EDIÇÃO ESPECIAL DE 510 ANOS

GARNIER
DESDE 1844

GARNIER
DESDE 1844

Fundador: **Baptiste-Louis Garnier**

Copyright desta tradução © IBC - Instituto Brasileiro De Cultura, 2022

Título original: The Prince
Reservados todos os direitos desta tradução e produção, pela lei 9.610 de 19.2.1998.

8ª Impressão 2025

Presidente: Paulo Roberto Houch
MTB 0083982/SP

Coordenação Editorial: Priscilla Sipans
Coordenação de Arte: Rubens Martim (capa)
Tradução e preparação de texto: Fabio Kataoka
Revisão: Valéria Paixão e Rogério Coelho
Programador Visual: Rogério Pires

Vendas: Tel.: (11) 3393-7727 (comercial2@editoraonline.com.br)

Foi feito o depósito legal.
Impresso na China

Dados Internacionais de Catalogação na Publicação (CIP)
de acordo com ISBD

M297p   Maquiavel, Nicolau

O Príncipe / Nicolau Maquiavel. - Barueri : Garnier, 2023.
96 p. ; 15,1cm x 23cm.

ISBN: 978-65-84956-19-3 (Edição de Luxo)

1. Ciências políticas. I. Título.

2023-625   CDD 320
                                             CDU 32

Elaborado por Vagner Rodolfo da Silva - CRB-8/9410

IBC — Instituto Brasileiro de Cultura LTDA
CNPJ 04.207.648/0001-94
Avenida Juruá, 762 — Alphaville Industrial
CEP. 06455-010 — Barueri/SP
www.editoraonline.com.br

Sumário

Nicolau maquiavel ao magnífico Lourenço de Médici 9

CAPÍTULO I 11
De quantos tipos são os principados e de que modos se adquirem
(Quot sint genera principatuum et quibus modis acquirantur)

CAPÍTULO II 11
Dos principados hereditários
(De principatibus hereditariis)

CAPÍTULO III 12
Dos principados mistos
(De principatibus mixtis)

CAPÍTULO IV 19
Por que o reino de Dario, ocupado por Alexandre, não se rebelou contra sucessores após sua morte?
(Cur Darii regnum quod Alexander occupaverat a successoribus suis post Alexandri mortem non defecit)

CAPÍTULO V 22
De que modo governar as cidades ou principados que, antes de serem ocupados, viviam com as suas próprias leis
(Quomodo administrandae sunt civitates vel principatus, qui antequam occuparentur, suis legibus vivebant)

CAPÍTULO VI 23
Dos principados novos que se conquistam com armas próprias e com virtude
(De principatibus novis qui armis propriis et virtute acquiruntur)

CAPÍTULO VII 26
Dos principados novos que se conquistam com as armas e fortuna alheias
(De principatibus novis qui alienis armis et fortuna acquiruntur)

CAPÍTULO VIII 32
Dos que chegaram ao principado por meio traiçoeiro
(De his qui per scelera ad principatum pervenere)

CAPÍTULO IX 36
   Do principado civil
   (De principatu civili)

CAPÍTULO X 39
   De que modo se devem medir as forças de todos os principados
   (Quomodo omnium principatuum vires perpendi debeant)

CAPÍTULO XI 41
   Dos principados eclesiásticos
   (De principatibus eclesiasticis)

CAPÍTULO XII 43
   De quantas espécies são as milícias, e dos soldados mercenários
   (Quot sint genera militiae et de mercenariis militibus)

CAPÍTULO XIII 47
   Dos soldados auxiliares, mistos e próprios
   (De militibus auxiliariis, mixtis et propriis)

CAPÍTULO XIV 51
   O que compete a um príncipe acerca da milícia
   (Quod principem deceat circa militiam)

CAPÍTULO XV 53
   Das razões pelas quais os homens, e especialmente os príncipes, são louvados ou culpados
   (De his rebus quibus homines, et praesertim principes, laudantur aut vituperantur)

CAPÍTULO XVI 55
   Da liberalidade e da parcimônia
   (De liberalitate et parsimonia)

CAPÍTULO XVII 57
   Da crueldade e da piedade; se é melhor ser amado que temido, ou antes temido que amado
   (De crudelitate et pietate; et an sit melius amari quam timeri, vel e contra)

CAPÍTULO XVIII 60
    De que modo os príncipes devem manter a fé da palavra dada
    (Quomodo fides a principibus sit servanda)

CAPÍTULO XIX 62
    Como evitar ser desprezado e odiado
    (De contemptu et odio fugiendo)

CAPÍTULO XX 71
    Se as fortalezas e muitas outras coisas feitas pelos príncipes são úteis ou não
    (An arces et multa alia quae cotidie a principibus fiunt utilia an inutilia sint)

CAPÍTULO XXI 75
    O que convém a um príncipe para ser estimado
    (Quod principem deceat ut egregius habeatur)

CAPÍTULO XXII 78
    Dos secretários que os príncipes têm junto de si
    (De his quos a secretis principes habent)

CAPÍTULO XXIII 79
    De que forma se afugenta os aduladores
    (Quomodo adulatores sint fugiendi)

CAPÍTULO XXIV 81
    Por que os príncipes da Itália perderam seus Estados
    (Cur Italiae principes regnum amiserunt)

CAPÍTULO XXV 83
    De quanto pode a fortuna nas coisas humanas e de que modo se pode resistir
    (Quantum fortuna in rebus humanis possit, et quomodo illi sit occurren dum)

CAPÍTULO XXVI 86
    Exortação para procurar tomar a Itália e libertá-la das mãos dos bárbaros
    (Exhortatio ad capessendam italiam in libertatemque a barbaris vindicandam)

CARTA A FRANCESCO VETTORI 90

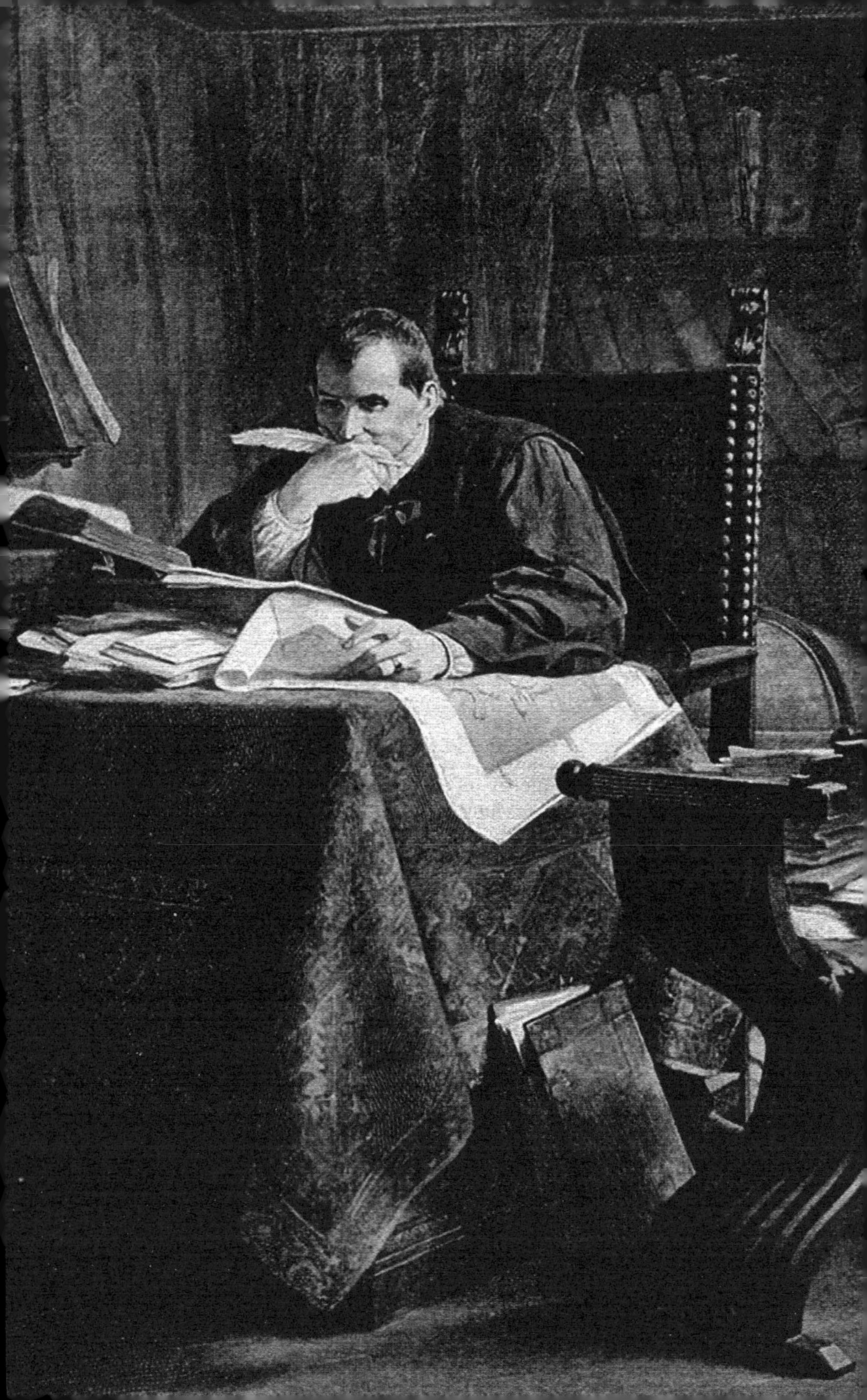

O PRÍNCIPE

Nicolau Maquiavel ao Magnífico Lourenço de Médici

Costumam os que desejam conquistar as graças de um príncipe oferecer-lhe o que de mais raro possuem ou o que julgam ser mais do seu agrado; donde se vê, muitas vezes, oferecerem-lhe cavalos, armas, brocados, pedras preciosas e outros adornos, dignos da sua grandeza.

Ora desejando eu apresentar-me com algum testemunho que prove a minha admiração por vossa Magnificência, não encontrei entre as minhas alfaias coisa de maior valia ou que tanto estime como o conhecimento das ações dos grandes homens, adquirido numa longa experiência das coisas modernas e numa contínua lição das antigas, que, meditadas por largo tempo e examinadas com grande diligência, juntei agora no pequeno volume que vos envio. E, se bem que eu julgue esta obra indigna de vos ser oferecida, confio, no entanto, que a recebereis, considerando que não posso oferecer-vos melhor dádiva que facilitar-vos, em brevíssimo tempo, o que a mim me custou muitos anos e não poucos trabalhos e perigos.

Não enfeitei a obra nem com palavras brilhantes e pomposas, nem com nenhum desses vãos ornamentos com que muitos autores costumam embelezar e descrever as suas; pois somente quis, ou que nada a honre, ou que só a variedade da matéria e a gravidade do assunto a tornem grata. Nem quero que se tenha por presunção que um homem de baixo e ínfimo Estado se atreva a discorrer e dar regras sobre os governos dos príncipes; porque, assim como os que desenham paisagens se colocam nas planícies para considerar a natureza dos montes e das colinas, e, para considerar as planícies, se colocam no cimo dos montes, do mesmo modo para conhecer bem a natureza dos povos é preciso ser príncipe e para compreender a dos príncipes é necessário ser filho do povo.

Que Vossa Magnificência aceite este pequeno presente com o ânimo com que lhe envio; e se o lerdes e o meditardes detidamente, achareis no seu íntimo o ardentíssimo desejo que tenho de que chegueis à grandeza que a fortuna e as outras qualidades vossas vos prometem. E se, do cume de vossa altura, volverdes os olhos para estes baixos lugares, reconhecereis quão indignamente suporto uma grande e contínua adversidade da sorte.

*"O príncipe natural tem razões menores e
menos necessidade de ofender."*

CAPÍTULO I
DE QUANTOS TIPOS SÃO OS PRINCIPADOS E DE QUE MODOS SE ADQUIREM
(Quot sint genera principatuum et quibus modis acquirantur)

Todos os Estados, todos os governos que tiveram e têm império sobre os homens, foram e são ou repúblicas ou principados. Os principados ou são hereditários, por seus ascendentes terem sido príncipes pelo sangue e por longo tempo, ou são novos. Os novos ou o são inteiramente, como Milão para Francisco Sforza, ou o são como membros acrescentados ao Estado hereditário do príncipe que os adquire, como o reino de Nápoles para o rei da Espanha. Estes domínios assim conquistados ou estão habituados a viver sob a tutela dum príncipe, ou gozam da sua liberdade, e conquistam-se com as armas alheias ou com as próprias, pela fortuna ou pelo mérito.

CAPÍTULO II
DOS PRINCIPADOS HEREDITÁRIOS
(De principatibus hereditariis)

Não tratarei nesse momento das repúblicas, vou me concentrar apenas em principados. Irei delinear os princípios descritos e discutirei como eles devem ser governados e mantidos. Digo, pois, que para a preservação dos Estados hereditários e afeiçoados à linhagem de seu príncipe, as dificuldades são bem menores do que nos novos, pois basta não preterir os costumes dos antepassados e, depois, contemporizar com os acontecimentos fortuitos, de forma que, se tal príncipe for dotado de ordinária capacidade sempre se manterá no poder, a menos que uma extraordinária e excessiva força dele venha a privá-lo. Uma vez dele destituído, mesmo que o usurpador seja temível, volta a recuperar o poder.

Temos, por exemplo, o duque de Ferrara, na Itália, que não cedeu aos assaltos dos venezianos em 1484 nem aos do papa Júlio em 1510, apenas por ser antigo naquele domínio. Na verdade, o príncipe natural tem razões menores e menos necessidade de ofender. Concluímos então que deve ser mais amado e, se não é odiado devido a vícios descontrolados, é lógico e natural que seja benquisto por todos. E na antiguidade e continuação do exercício do poder, apagam-se as lembranças e as causas das inovações, porque uma mudança sempre deixa lançada a base para a edificação de outra.

CAPÍTULO III
DOS PRINCIPADOS MISTOS
(De principatibus mixtis)

Porém é nos principados novos que encontramos as dificuldades. Em primeiro lugar, se não o é totalmente, é um membro anexado a um Estado hereditário (que, em seu conjunto, pode ser considerado quase misto), as suas variações resultam principalmente de uma natural dificuldade inerente a todos os principados novos: é que os homens, com satisfação, mudam de senhor pensando melhorar e esta crença faz com que lancem mão de armas contra o senhor atual. Eles se enganam porque, pela própria experiência, percebem mais tarde ter piorado a situação. Isso depende de uma outra necessidade natural e ordinária, a qual faz com que o novo príncipe sempre precise ofender os novos súditos com seus soldados e com outras infinitas injúrias que se lançam sobre a recente conquista; dessa forma, tens como inimigos todos aqueles que ofendeste com a ocupação daquele principado e não podes manter como amigos os que te puseram ali, por não poderes satisfazê-los pela forma por que tinham imaginado, nem aplicar-lhes corretivos violentos uma vez que estás a eles obrigado; porque sempre, mesmo que fortíssimo em exércitos, tem-se necessidade do apoio dos habitantes para penetrar numa província. Foi por essas razões que Luís XII, rei de França, ocupou Milão rapidamente e logo depois a perdeu. Inicialmente bastaram as forças de Ludovico, porque aquelas populações que lhe haviam aberto as portas, reconhecendo o erro de seu pensar anterior e descrentes daquele bem-estar futuro que haviam imaginado, não mais podiam suportar os dissabores ocasionados pelo novo príncipe.

É sabido que, ao reconquistar as regiões rebeladas, dificilmente as perdem. O senhor, em razão da rebelião, é menos vacilante em assegurar-se da punição daqueles que lhe faltaram com a lealdade, em investigar os suspeitos e em reparar os pontos mais fracos. Assim sendo, se para que a França viesse a perder Milão pela primeira vez foi suficiente um duque Ludovico que fizesse motins nos seus limites, já para perdê-lo pela segunda vez foi preciso que tivesse contra si o mundo todo e que seus exércitos fossem desbaratados ou expulsos da Itália, o que resultou das razões logo acima apontadas. Apesar disso, tanto na primeira como na segunda vez, tomaram Milão.

Vamos agora falar sobre a segunda vez e ver de que remédios dispunha a França e de que meios poderá valer-se quem venha a encontrar-se em tal situação, para poder manter melhor a conquista.

Estes Estados conquistados e anexados a um Estado antigo, ou são da mesma província e da mesma língua, ou não são: quando são, é geralmente fácil mantê-los submissos, principalmente quando não estão habituados a viver em liberdade, e para dominá-los seguramente bastará ter-se extinguido a estirpe do príncipe que os governava, porque nas outras coisas, conservando-se suas velhas condições e não existindo alteração de costumes, os homens passam a viver tranquilamente, como vimos acontecer com a Borgonha, a Bretanha, a Gasconha e a Normandia que por tanto tempo estiveram com a França: apesar da relativa diferença de línguas, mas graças à semelhança de costumes facilmente se adaptaram entre eles. E quem conquista, querendo conservá-los, deve adotar duas medidas: a primeira, fazer com que a linhagem do antigo príncipe seja extinta; a outra, aquela de não alterar nem as suas leis nem os impostos; de tal forma que, em um prazo muito breve, o território conquistado passa a constituir um corpo todo com o principado antigo.

Quando se conquistam territórios numa província com língua, costumes e leis diferentes, começam a surgir as dificuldades e é necessário haver muito boa sorte e habilidade para mantê-los. E um dos maiores e mais eficientes remédios seria aquele do conquistador ir habitá-los. Isto tornaria mais segura e mais duradoura a posse adquirida, como ocorreu com o Turco na Grécia, que a despeito de ter observado todas as leis locais, não teria conservado esse território se para lá não tivesse se transferido. Isso porque, estando no local, pode-se ver nascerem as desordens e elas podem ser reprimidas. Não estando no local, delas somente se tem notícia quando a confusão estiver já alastrada e não mais passíveis de solução. Além disso, a província conquistada não é saqueada pelos administradores temporários que a ocupam. Os súditos ficam satisfeitos porque o recurso ao príncipe se torna mais fácil. Assim, têm mais razões para amá-lo, querendo ser bons, e para temê-lo, caso queiram agir de forma diferente. Quem do exterior desejar assaltar aquele Estado, por ele terá maior respeito; donde, habitando-o, o príncipe somente com muita dificuldade poderá vir a perdê-lo.

Outra maneira eficiente é instalar colônias em um ou dois pontos, que sejam como que acorrentadas àquele Estado, ou manter ali muitas tropas. As colônias podem ser instaladas e mantidas sem muitos custos. Sua criação prejudica somente aqueles de quem se tomam os campos e as casas para cedê-los aos novos habitantes, os quais constituem uma parcela mínima do Estado conquistado. Os que são prejudicados, ficando dispersos e pobres, não podem causar dano algum, enquanto os não lesados ficam à parte, amedrontados, devendo tranquilizar o pensamento de que não poderão errar para que a eles não ocorra o mesmo que aconteceu àqueles que foram espoliados.

Portanto, as colônias não são onerosas, são mais fiéis, ofendem menos e os prejudicados não podem causar mal, tornados pobres e dispersos, como já foi dito. Por onde se conclui que os homens devem ser acarinhados ou eliminados, pois se se vingam das pequenas ofensas, das graves não podem fazê-lo; daí decorre que a ofensa que se faz ao homem deve ser tal que não se possa temer vingança. Mas mantendo, em lugar de colônias, forças militares, gasta-se muito mais, absorvida toda a arrecadação daquele Estado na guarda aí destacada; dessa forma, a conquista transforma-se em perda e ofende muito mais porque danifica todo aquele país com as mudanças do alojamento do exército, incômodo esse que todos sentem e que transforma cada habitante em inimigo: e são inimigos que podem causar dano ao conquistador, pois, ainda que derrotados na própria casa. Sob qualquer ponto de vista essa guarda armada é inútil, ao passo que a criação de colônias é útil.

Quem estiver à frente de uma província diferente deve tornar-se chefe e defensor dos menos fortes, tratando de enfraquecer os poderosos e cuidar para que em hipótese alguma aí penetre um forasteiro tão forte quanto ele. E sempre surgirá quem seja chamado por aqueles que na província se sintam descontentes, seja por excessiva ambição, seja por medo, como fizeram os etólios que incorporaram na Grécia os romanos que, aliás, em todas as outras províncias que conquistaram, fizeram-se auxiliados pelos respectivos habitantes.

Quando um estrangeiro poderoso penetrar numa província, todos aqueles que são mais fracos lhe darão adesão, movidos pela inveja contra quem se tornou poderoso sobre eles. Tanto assim é que em relação a estes não se torna necessário grande trabalho para obter seu apoio, pois logo todos eles, voluntariamente, formam bloco com o seu Estado conquistado. Apenas deve haver o cuidado de não permitir que eles assumam muito poder e muita autoridade. Pode o conquistador, facilmente, com suas forças e com o apoio dos mesmos, abater aqueles que ainda estejam fortes, para tornar-se senhor absoluto daquela província. E quem não encaminhar satisfatoriamente esta parte, precocemente perderá a sua conquista e, enquanto puder conservá-la, terá inúmeros aborrecimentos e dificuldades.

Os romanos observaram bem estes pontos nas províncias que dominaram: fundaram colônias, conquistaram a amizade dos menos influentes sem lhes aumentar o poder, abateram os mais fortes e não deixaram que os estrangeiros poderosos adquirissem prestígio. Tomo como exemplo apenas a província da Grécia. Os aqueus e os etólios tornaram-se amigos dos romanos. Foi abatido o reino dos macedônios e daí foi expulso Antíoco; mas nem os méritos dos aqueus e dos etólios lhes asseguraram permissão para conquistar algum Estado. Nem a persuasão de Felipe conseguiu fazer com que os romanos se tornassem seus aliados e não o diminuíssem, nem o poder de

Antíoco conseguiu fazer com que os mesmos o autorizassem a manter seu domínio naquela província. Isso tudo ocorreu porque os romanos fizeram nesses casos aquilo que todo príncipe inteligente deve fazer: não somente vigiar e ter cuidado com as desordens presentes, como também com as futuras, evitando-as com toda a cautela porque, previstas a tempo, facilmente se lhes pode opor corretivo; mas, esperando que se aproximem, o remédio não chega a tempo, e o mal já então se tornou incurável. Ocorre aqui como no caso do tuberculoso, segundo os médicos: no começo é fácil a cura e difícil o diagnóstico. Entretanto, com o decorrer do tempo, se a enfermidade não for conhecida nem tratada, torna-se fácil o diagnóstico e difícil a cura. Assim também ocorre nos assuntos do Estado porque, conhecendo com antecedência os males que o atingem (o que não é dado senão a um homem prudente), a cura é rápida; mas quando, por não os ter conhecido logo, vêm eles a crescer de modo a se tornarem do conhecimento de todos, não existe mais remédio.

Os romanos, prevendo as perturbações, sempre tolheram a guerra, jamais para fugir, mas permitiram que as mesmas seguissem seu curso, pois sabiam que a guerra não se evita, mas apenas se adia em benefício dos outros. Por isso promoveram a guerra contra Felipe e Antíoco na Grécia. Foi para evitar terem de fazê-la na Itália e, no entanto, podiam ter evitado a luta naquele momento, se o quisessem. Nem em momento algum lhes agradou aquilo que todos os dias está nos lábios dos entendidos de nosso tempo, o desejo de gozar do benefício da contemporização, mas sim apenas aquilo que resultava de sua própria virtude e prudência: na verdade, o tempo lança à frente todas as coisas e pode transformar o bem em mal e o mal em bem.

Voltemos à França e examinemos se ela fez alguma das coisas que expomos, falando eu de Luís e não de Carlos porque foi daquele que, por ter mantido mais prolongado domínio na Itália, melhor se viram os progressos: e vereis como ele fez o contrário do que se deve fazer para conservar um Estado numa província diferente.

O rei Luís foi conduzido à Itália pela ambição dos venezianos que, por tal meio, quiseram ganhar o Estado da Lombardia. Não desejo censurar o partido tomado pelo rei; porque, querendo começar a pôr um pé na Itália e não tendo amigos nesta província, ao contrário, fechadas todas as portas em razão do comportamento do rei Carlos, foi obrigado a servir-se daquelas amizades com que podia contar: e teria sido bem-sucedido, se nos outros manejos não tivesse cometido erro algum. Conquistada, pois, a Lombardia, o rei readquiriu prontamente aquela reputação que Carlos perdera: Gênova cedeu; os florentinos tornaram-se seus amigos; o marquês de Mantua, o duque de Ferrara, Bentivoglio, a senhora de Forli, o senhor de Faenza, de Pesaro, de Rimini, de Camerino, de Piombino, os Luqueses, os Pisanos e os Sieneses, todos foram ao seu encontro para tornarem-se seus amigos. Os venezianos puderam considerar então a temeridade da resolução que haviam adotado, pois que, para conquistar dois tratos de terra na Lombardia, fizeram o rei tornar-se senhor de dois terços da Itália.

Com quanta facilidade podia o rei manter a sua reputação na Itália se, observadas as normas já referidas, tivesse conservado seguros e defendido todos aqueles seus amigos que, por serem em grande número, fracos e medrosos, uns em relação à Igreja; os outros, face aos venezianos, precisavam sempre estar com ele; por meio deles poderia, facilmente, ter-se assegurado contra os que ainda se conservavam fortes.

Entretanto, ele, apenas chegado a Milão, fez o contrário, dando auxílio ao papa Alexandre para que ocupasse a Romanha. Nem percebeu que com essa deliberação enfraquecia a si próprio, afastando os amigos e aqueles que o tinham lançado aos braços, enquanto engrandecia a Igreja acrescentando ao poder espiritual, que lhe dá tanta autoridade, tamanha força temporal. Cometido um primeiro erro, foi compelido a seguir praticando outros até que, para pôr fim à ambição de Alexandre e evitar que este se tornasse senhor da Toscana, teve de ir pessoalmente à Itália. Não lhe bastou ter tornado grande a Igreja e perder os amigos. Por querer o reino de Nápoles, dividiu-o com o rei da Espanha; sendo primeiro o árbitro da Itália, aí colocou um companheiro para que os ambiciosos daquela província e os descontentes com ele mesmo tivessem onde recorrer e, em vez de deixar naquele reino um soberano a ele sujeito, tirou-o para, em seu lugar, colocar um outro que pudesse expulsá-lo dali.

É muito natural e comum o desejo de conquistar e, sempre quando os homens podem fazê-lo, serão louvados ou, pelo menos, não serão censurados; mas quando não têm possibilidade e querem fazê-lo de qualquer maneira, aqui está o erro e, consequentemente, a censura. Se a França, pois, podia assaltar Nápoles com suas forças, devia fazê-lo; se não podia, não devia dividir esse reino. E se a divisão que fez com os venezianos sobre a Lombardia mereceu desculpa por ter com ela firmado pé na Itália, aquela merece censura em razão de não ser justificada por essa necessidade.

O rei Luís havia cometido estes cinco erros: eliminou os menos fortes; aumentou na Itália o prestígio de um poderoso; aí colocou um estrangeiro poderosíssimo; não veio habitar no país e não instalou colônias.

Contudo, esses erros poderiam não ter causado dano enquanto ele vivesse, se não houvesse cometido o sexto erro: tomar os territórios dos venezianos. Na verdade, se não tivesse tornado grande a Igreja nem introduzido a Espanha na Itália. Seria bem razoável e necessário enfraquecê-los; mas, tomados que foram aqueles partidos, nunca deveriam consentir na ruína dos mesmos. Isto porque, sendo poderosos, teriam sempre mantido aquelas à distância da Lombardia, pois os venezianos jamais iriam consentir em qualquer manobra contra esse Estado, a menos que eles se tornassem os senhores, da mesma forma que os outros não iriam querer tomá-lo à França para dá-lo aos venezianos, ao mesmo tempo que lhes faltava coragem para lutar com estes e com a França. E se alguém dissesse: o rei Luís cedeu a Romanha a Alexandre e o reino à Espanha para evitar uma guerra, respondo com as razões já anteriormente expostas de que nunca se deve deixar prosseguir uma crise para escapar a uma guerra, mesmo porque dela não se foge, mas apenas se adia para desvantagem própria. E se alguns outros alegassem a promessa que o rei havia feito ao papa, a de realizar para ele aquela conquista em troca da dissolução de seu casamento e do chapéu cardinalício para o arcebispo de Ruão, respondo com o que mais adiante se dirá acerca da palavra dos príncipes e de como respeitá-la.

O rei Luís perdeu a Lombardia por não ter respeitado nenhum dos princípios observados por outros que dominaram províncias e quiseram conservá-las. Não há aqui milagre algum, mas é sim muito comum e razoável.

E deste assunto falei em Nantes ao arcebispo de Ruão, quando Valentino, assim popularmente chamado César Bórgia, filho do papa Alexandre, ocupava a Romanha. Porque, dizendo-me o cardeal de Ruão que os italianos não entendiam de guerra, retruquei-lhe que os franceses não entendiam o Estado, se de tal compreendessem, não teriam deixado que a Igreja alcançasse tanta grandeza. E por experiência viu-se que a grandeza da Igreja e da Espanha na Itália foi causada pela França, e a ruína desta foi acarretada por aquelas. Disso se extrai uma regra geral que nunca ou raramente falha: quem é causa do poderio de alguém se arruína, por que esse poder resulta ou da astúcia ou da força e ambas são suspeitas para aquele que se tornou poderoso.

CAPÍTULO IV
Por que o reino de Dario, ocupado por Alexandre, não se rebelou contra sucessores após sua morte?
(Cur Darii regnum quod Alexander occupaverat a successoribus suis post Alexandri mortem non defecit)

Diante das dificuldades que precisam ser enfrentadas para preservar um Estado recém-conquistado, alguém poderia ficar estarrecido diante do fato de que, tendo se tornado senhor da Ásia em poucos anos, não apenas havia terminado sua ocupação, Alexandre Magno veio a morrer e, a despeito de parecer razoável que todo aquele Estado devesse rebelar-se, seus sucessores o conservaram e para tanto não encontraram outra dificuldade senão aquela que, por ambição pessoal, nasceu entre eles mesmos. A justificativa é a de que os principados de que se conserva memória têm sido governados de duas formas diversas: ou por um príncipe, sendo todos os demais servos que, como ministros por graça e concessão sua, ajudam a governar o Estado, ou por um príncipe e por barões, os quais, não por graça do senhor, mas por antiguidade de sangue, têm aquele grau de ministros. Estes barões têm Estados e súditos próprios que os reconhecem por senhores e a eles dedicam natural afeição. Os Estados que são governados por um príncipe e servos, têm aquele com maior autoridade, porque em toda a sua província não existe alguém reconhecido como chefe senão ele, e se os súditos obedecem a algum outro, fazem-no em razão de sua posição de ministro e oficial, não lhe dedicando a menor estima.

Os exemplos dessas duas espécies de governo são, nos nossos tempos, o turco e o do rei da França. Toda a monarquia do turco é dirigida por um senhor: os outros são seus servos; dividindo o seu reino em sanjacos. Diversos administradores são trocados de acordo com sua própria vontade. Mas o rei da França está em meio a uma multidão de antigos senhores que, nessa qualidade, são reconhecidos pelos seus súditos e por eles amados: têm as suas preeminências e não pode o rei privá-los das mesmas sem perigo para si próprio. Quem tiver em mira, pois, um e outro desses governos, encontrará dificuldades para conquistar o Estado turco, mas, vencido que seja este, encontrará grande facilidade para conservá-lo, ao contrário, encontrar-se-á em todos os sentidos maior facilidade para ocupar o Estado da França, mas grande dificuldade para mantê-lo.

As dificuldades para ocupar o reino turco decorrem de não poder o atacante ser chamado por príncipes daquele reino, nem esperar, com a rebelião dos que rodeiam o soberano, para ter facilitada a sua empresa: é o que resulta das razões referidas. Porque, sendo todos escravos e obrigados, são mais dificilmente corruptíveis e, quando fossem subornados, pouco de útil poder-se-ia esperar, visto não serem eles capazes de arrastar o povo atrás de si, pelos motivos já mencionados. Logo, se alguém assaltar o Estado turco, deve pensar que irá encontrá-lo unido, convindo contar mais com suas próprias forças que com as desordens dos outros. Mas, vencido que seja e uma vez desbaratado em batalha campal de modo que não possa refazer os exércitos, não se deve recear outra coisa senão a dinastia do príncipe; uma vez extinta esta, ninguém mais resta que deva ser temido, já que os demais não gozam de prestígio junto ao povo; e como o vencedor deste nada podia esperar antes da vitória, depois dela não deve receá-lo.

O contrário ocorre nos reinos como o da França, porque com facilidade se pode invadi-lo se contar com o apoio de algum barão do reino, pois sempre se encontram descontentes e ávidos por inovações. Estes, pelas razões referidas, podem abrir o acesso àquele Estado e facilitar a vitória. Esta, se desejares manter-te, arrasta atrás de si inúmeras dificuldades, seja com aqueles que te ajudaram, seja com os que oprimiste. Não é bastante extinguir a estirpe do príncipe, pois permanecem aqueles senhores que se tornam chefes das novas revoluções e, não podendo nem os contentar nem os exterminar, perde aquele Estado tão logo surja a oportunidade.

Ora, se for considerado de que natureza era o governo de Dario, o encontrará semelhante ao reino turco. Para Alexandre foi necessário primeiro encurralá-lo e desbaratá-lo em batalha campal sendo que, depois da vitória, estando morto Dario, aquele Estado tornou-se seguro para Alexandre pelas razões expostas. Seus sucessores, se tivessem sido unidos, poderiam tê-lo gozado tranquilamente, pois ali não surgiram outros tumultos que não os por eles próprios provocados.

Quanto aos Estados organizados como o da França, é impossível possuí-los com tanta tranquilidade. Dessa circunstância é que nasceram as frequentes rebeliões da Espanha, da França e da Grécia contra os romanos; em decorrência do grande número de principados que havia naqueles Estados e por todo o tempo em que perdurou a sua memória, os romanos estiveram inseguros na posse daqueles domínios. Mas extinta a lembrança dos principados, com o poder e a constância de sua autoridade, os romanos tornaram-se dominadores seguros. Puderam eles, também, combatendo mais tarde em lutas internas, arrastar cada facção para o seu lado, parte daquelas províncias, segundo a autoridade que havia adquirido junto a elas; e essas províncias, por não mais existir o sangue de seus antigos senhores, não reconheciam senão a soberania dos romanos. Consideradas, pois, todas estas coisas, ninguém se maravilhará da facilidade que Alexandre encontrou para conservar o Estado da Ásia, e das dificuldades encontradas pelos outros para manterem o conquistado, como Pirro e muitos outros. Isso não resultou da muita ou da pouca virtude do vencedor, mas sim da diversidade de forma do objeto da conquista.

CAPÍTULO V
DE QUE MODO GOVERNAR AS CIDADES OU PRINCIPADOS QUE, ANTES DE SEREM OCUPADOS, VIVIAM COM AS SUAS PRÓPRIAS LEIS

(Quomodo administrandae sunt civitates vel principatus, qui antequam occuparentur, suis legibus vivebant)

Como foi dito, quando aqueles Estados que se conquistam estão acostumados a viver com suas próprias leis e em liberdade, existem três modos de conservá-los: o primeiro, arruiná-los; o outro, ir habitá-los pessoalmente; o terceiro, deixá-los viver com suas leis, arrecadando um tributo e criando em seu interior um governo de poucos, que se conservam amigos, porque, sendo esse governo criado por aquele príncipe, sabe que não pode permanecer sem sua amizade e seu poder, e há que fazer tudo por conservá-los. Querendo preservar uma cidade habituada a viver livre, mais facilmente que por qualquer outro modo se a conserva por intermédio de seus cidadãos.

Vamos lembrar dos espartanos e dos romanos. Os espartanos tomaram Atenas e Tebas, nelas criando um governo de poucos; todavia, perderam-nas. Os romanos, para conservarem Cápua, Cartago e Numância, destruíram-nas e não as perderam. Quiseram conservar a Grécia quase como o fizeram os espartanos, tornando-a livre e deixando-lhe suas próprias leis e não o conseguiram: em razão disso, para conservá-la, foram obrigados a destruir muitas cidades daquela província.

É que, em verdade, não existe modo seguro para conservar tais conquistas, senão a destruição. E quem se torne senhor de uma cidade acostumada a viver livre e não a destrua, espera ser destruído por ela, porque a mesma sempre encontra, para apoio de sua rebelião, o nome da liberdade e o de suas antigas instituições, jamais esquecidas seja pelo decurso do tempo, seja por benefícios recebidos. Por quanto se faça e se proveja, se não se dissolvem ou desagregam os habitantes, eles não esquecem aquele nome nem aquelas instituições, e logo, a cada incidente, a eles recorrem como fez Pisa cem anos após estar submetida aos florentinos.

Porém, quando as cidades ou as províncias estão acostumadas a viver sob um príncipe, extinta a dinastia, sendo de um lado afeitas a obedecer e de outro não tendo o príncipe antigo, dificilmente chegam a um acordo para escolha de outro príncipe, não sabem, enfim, viver em liberdade: dessa forma, são mais lerdas para tomar das armas e, com maior facilidade, pode um príncipe vencê-las e delas apoderar-se. Contudo, nas repúblicas há mais vida, mais ódio, mais desejo de vingança; não deixam nem podem deixar esmaecer a lembrança da antiga liberdade: assim, o caminho mais seguro é destruí-las ou habitá-las pessoalmente.

CAPÍTULO VI
DOS PRINCIPADOS NOVOS QUE SE CONQUISTAM COM ARMAS PRÓPRIAS E COM VIRTUDE
(De principatibus novis qui armis propriis et virtute acquiruntur)

A respeito dos principados completamente novos de príncipe e de Estado, apontarei exemplos de grandes personagens; porque, palmilhando os homens, quase sempre, as estradas batidas pelos outros, procedendo nas suas ações por imitações, não sendo possível seguir fielmente as trilhas alheias nem alcançar a virtude do que se imita, deve um homem prudente seguir sempre pelas sendas percorridas pelos que se tornaram grandes e imitar aqueles que foram excelentes. Isto para que, não sendo possível chegar à virtude destes, pelo menos daí venha a auferir algum proveito. Deve fazer como os arqueiros hábeis que, considerando muito distante o ponto que desejam atingir e sabendo até onde vai a capacidade de seu arco, fazem mira bem mais alto que o local visado, não para alcançar com sua flecha tanta altura, mas para poder com o auxílio de tão elevada mira atingir o seu alvo.

Assim, digo que no principado completamente novo, onde exista um novo príncipe, encontra-se menor ou maior dificuldade para mantê-lo, segundo seja mais ou menos virtuoso quem o conquiste. E porque o elevar-se de particular a príncipe pressupõe ou virtude ou boa sorte, parece que uma ou outra dessas duas razões mitigue em parte muitas dificuldades; não obstante, tem-se observado, aquele que menos se apoiou na sorte reteve o poder mais seguramente. Gera ainda facilidade o fato de, por não possuir outros Estados, ser o príncipe obrigado a vir habitá-lo pessoalmente.

Para mencionar aqueles que pela sua própria virtude e não pela sorte se tornaram príncipes, digo que os maiores são Moisés, Ciro, Rômulo, Teseu e outros tais. Se bem que de Moisés não se deva cogitar por ter sido ele mero executor daquilo que lhe era ordenado por Deus, contudo deve ser admirado somente por aquela graça que o tornava digno de conversar com o Senhor. Mas consideremos Ciro e os outros que conquistaram ou fundaram reinos, todos admiráveis. E se forem consideradas suas ações e ordens particulares, estas parecerão não discrepantes daquelas de Moisés, que teve tão grande preceptor. E, examinando as ações e a vida dos mesmos, não se vê que eles tivessem algo de sorte senão a ocasião, que lhes forneceu meios para poder adaptar as coisas da forma que melhor lhes aprouve; e, sem aquela oportunidade, o seu valor pessoal ter-se-ia apagado e sem essa virtude a ocasião teria surgido em vão.

Moisés necessitava encontrar o povo de Israel no Egito, escravizado e oprimido pelos egípcios, a fim de que aquele, para libertar-se da escravidão, se dispusesse a segui-lo. Convinha que Rômulo não pudesse ser mantido em Alba, e fosse exposto ao nascer, para que se tornasse rei de Roma e fundador daquela pátria. Era preciso que Ciro encontrasse os persas descontentes do império dos medos, e estes estivessem amolecidos e frágeis pela prolongada paz. Não poderia Teseu demonstrar sua virtude se os atenienses não estivessem dispersos. Logo, essas oportunidades fizeram esses homens felizes, e sua excelente capacidade fez com que aquela ocasião fosse conhecida de cada um: em consequência, sua pátria foi nobilitada e tornou-se felicíssima.

Os que, por suas virtudes, semelhantes às que aqueles tiveram, tornam-se príncipes, conquistam o principado com dificuldade, mas com facilidade o conservam; e os obstáculos que se lhes apresentam ao conquistar o principado, em parte nascem das novas disposições e sistemas de governo que são forçados a introduzir para fundar o seu Estado e estabelecer a sua segurança. Deve-se considerar não haver coisa mais difícil para cuidar, nem mais duvidosa a conseguir, nem mais perigosa de manejar, que tornar-se chefe e introduzir novas ordens. Isso porque o introdutor tem por inimigos todos aqueles que obtinham vantagens com as velhas instituições e encontra fracos defensores naqueles que das novas ordens se beneficiam. Esta fraqueza nasce, parte por medo dos adversários que ainda têm as leis para atender aos seus interesses, parte pela incredulidade dos homens: estes, em verdade, não creem nas inovações se não as veem resultar de uma firme experiência. Donde decorre que a qualquer momento em que os inimigos tenham oportunidade de atacar, o fazem com calor de sectários, enquanto os outros defendem fracamente, de forma que ao lado deles se corre sério perigo.

Para expor bem esta parte, e examinar se esses inovadores se baseiam sobre suas próprias forças ou se dependem de outros, isto é, se para levar avante sua obra é preciso que roguem, ou se em realidade podem forçar. No primeiro caso, sempre acabam mal e não realizam coisa alguma; mas, quando dependem de si mesmos e podem forçar, então é que raras vezes correm perigo. Daí resulta que todos os profetas armados venceram e os desarmados fracassaram. Porque, além dos fatos apontados, a natureza dos povos é variada, sendo fácil persuadi-los de uma coisa, mas difícil firmá-los nessa persuasão. Convém, assim, estar preparado para que, quando não acreditarem mais, se possa fazê-los crer pela força.

Moisés, Ciro, Teseu e Rômulo não teriam conseguido manter por longo tempo as suas constituições se os tivessem desarmado; como ocorreu nos nossos tempos a Frei Girolamo Savonarola, que fracassou nas suas reformas quando a multidão começou a desacreditar nele, e ele não dispunha de meios para manter firmes aqueles que haviam crido, nem para fazer com que os descrentes passassem a crer. Por isso, pessoas nessa situação têm grandes dificuldades em conduzir-se e todos os perigos estarão no seu caminho, convém que os superem com coragem; então superados, começam a ser venerados, exceto aqueles que tinham inveja de sua condição, os corajosos ficam poderosos, seguros, honrados, felizes.

Acrescento um outro exemplo, menor, mas que bem terá alguma relação com aqueles e que julgo suficiente para todos os outros semelhantes: é

Hierão de Siracusa. Este, de particular, tornou-se príncipe de Siracusa; também ele, da sorte somente conheceu a ocasião porque, estando os siracusanos oprimidos, o elegeram para seu capitão, donde tornou-se príncipe. E foi de tanta virtude, mesmo na vida privada, que quem escreveu a seu respeito, disse: *quod nihil illi deerat ad regnandum praeter regnum* (que não lhe faltava para ser rei senão um reino).

Extinguiu a velha milícia, organizou a nova, abandonou as antigas amizades, conquistou novas; e, como teve amizades e soldados seus, pôde, sobre tais fundamentos, erigir as obras que desejou: tanto que lhe custou muita fadiga para conquistar e pouca para manter.

CAPÍTULO VII
Dos principados novos que se conquistam com as armas e fortuna alheias
(De principatibus novis qui alienis armis et fortuna acquiruntur)

Os que se tornaram príncipes apenas devido à sua fortuna, com pouca fadiga assim se transformam, mas só com muito esforço assim se mantêm: não encontram nenhuma dificuldade pelo caminho porque atingem o posto a voo; mas toda sorte de dificuldades nasce depois que aí estão. São aqueles aos quais é concedido um Estado, seja por dinheiro, seja por graça do concedente: como ocorreu a muitos na Grécia, nas cidades da Jônia e do Helesponto, onde foram feitos príncipes por Dario, a fim de que as conservassem para sua segurança e glória; como eram feitos, ainda, aqueles imperadores que, por corrupção dos soldados, de privados alcançavam o domínio do Império.

Estes estão simplesmente submetidos à vontade e à fortuna de quem lhes concedeu o Estado, que são duas coisas grandemente volúveis e instáveis: e não sabem e não podem manter a sua posição. Não sabem porque, se não são homens de grande engenho e virtude, não é razoável que, tendo vivido sempre em ambiente privado, saibam comandar; não podem, porque não têm forças que lhes possam ser amigas e fiéis. Ainda, os Estados que surgem rapidamente, como todas as demais coisas da natureza que nascem e crescem depressa, não podem ter raízes e estruturação perfeitas, de forma que a primeira adversidade os extingue. Salvo se aqueles que, como foi dito, assim repentinamente se tornaram príncipes, forem de tanta virtude que saibam desde logo preparar-se para conservar aquilo que a fortuna lhes pôs no regaço, formando posteriormente as bases que os outros estabeleceram antes de se tornar príncipes.

Desses dois meios de se tornar príncipe, por virtude ou por fortuna, aponto dois exemplos ocorridos nos dias de nossa memória: estes são Francisco Sforza e César Bórgia. Francisco, pelos meios devidos e com grande virtude, de privado tornou-se duque de Milão; e aquilo que com mil esforços tinha conquistado, com pouco trabalho manteve.

César Bórgia, pelo povo chamado duque Valentino, adquiriu o Estado com a fortuna do pai e, juntamente com aquela, o perdeu. Isso, não obstante fossem por ele utilizados todos os meios e feito tudo aquilo que devia ser efetivado por um homem prudente e virtuoso, para lançar raízes naqueles Estados que as armas e a fortuna de outrem lhe tinham concedido. Porque, como se disse anteriormente, quem não lança os alicerces primeiro, somente com uma grande virtude poderá estabelecê-los depois, ainda que se façam com aborrecimentos para o construtor e perigo para o edifício. Se considerarem todos os progressos do duque, ver-se-á ter ele estabelecido grandes alicerces para o futuro poderio, os quais não julgo supérfluo descrever, pois não conheço melhores preceitos do que o exemplo de suas ações poderia indicar a um príncipe novo; e se as suas disposições não lhe aproveitaram, não foi por culpa sua, mas sim em resultado de uma extraordinária e extrema má sorte.

Alexandre VI, ao querer tornar grande o seu filho, o duque, tinha muitas dificuldades presentes e futuras. Primeiro, não via meio de poder fazê-lo senhor de algum Estado que não fosse Estado da Igreja; voltando-se para tomar um destes, sabia que o duque de Milão e os venezianos não permitiriam, porque Faenza e Rimini estavam já sob a proteção dos venezianos. Via além disto as armas da Itália, e em especial aquelas de que poderia servir-se, encontravam-se nas mãos daqueles que deviam temer a grandeza do papa; não podia fiar-se, assim, pertencendo todas elas aos Orsíni e Colonna e seus partidários. Era necessário que se perturbasse aquela organização dos Estados italianos e fossem desarticulados os pertencentes àqueles, para poder assenhorear-se seguramente de parte dos mesmos. Isso foi fácil, eis que encontrou os venezianos que, levados por outras causas, fizeram os franceses retornar à Itália, ao que não somente não se opôs, como também tornou mais fácil com a dissolução do primeiro matrimônio do rei Luís. Passou, portanto, o rei à Itália com a ajuda dos venezianos e consentimento de Alexandre: nem bem tinha chegado a Milão, o papa obteve tropas para a conquista da Romanha, a qual tornou-se possível em razão da reputação do rei.

Após ocupar a Romanha e derrotar os partidários dos Colonna, o duque pretendia manter a conquista e avançar mais à frente. Duas coisas o impediam: uma, as suas tropas que não lhe pareciam fiéis, a outra, a vontade da França; isto é, temia o duque que lhe falhassem as tropas dos Orsíni, das quais se valera, não só o impedindo de conquistar, como também lhe tomando o conquistado, bem como receava que o rei não deixasse de fazer-lhe o mesmo. Dos Orsíni teve prova quando, depois da tomada de Faenza, assaltando Bolonha, os viu irem friamente a esse assalto; acerca do rei, conheceu sua disposição quando, tomado o ducado de Urbino, atacou a Toscana; o rei o fez desistir dessa campanha.

Consequentemente, o duque deliberou não mais depender das armas e fortuna dos outros. Inicialmente, enfraqueceu as facções dos Orsíni e dos Colonna em Roma. Para tanto, atraiu para junto de si todos os adeptos dos mesmos, que fossem gentis-homens, dando-lhes riqueza e honra. Segundo suas qualidades, com comandos e governos; de forma que, em poucos meses, a afeição que mantinham pelas facções foi extinta e voltou-se toda ela para o duque. Depois, esperou a ocasião para eliminar os Orsíni, após dispersar os Colonna, ocasião que lhe surgiu bem e que ele aproveitou; porque, tendo os Orsíni percebido, tarde demais, que a grandeza do duque e da Igreja era a sua ruína, organizaram uma conferência em Magione, no Perugino. Dessa reunião nasceram a rebelião de Urbino, os tumultos da Romanha e inúmeros perigos para o duque, o qual a todos superou com o auxílio dos franceses.

Readquirida a reputação, não confiando na França nem nas outras tropas estrangeiras, para não as ter fortalecidas, socorreu-se da astúcia. E tão bem soube dissimular seus sentimentos, que os Orsíni, por intermédio do senhor Paulo, reconciliaram-se com ele: para assegurar-se melhor deste intermediário, o duque não deixou de dispensar-lhe cortesia de toda natureza, dando-lhe dinheiro, roupas e cavalos; tanto assim que a simplicidade dos Orsíni os levou à Senigália, às mãos do duque. Eliminados estes chefes, transformados os partidários dos mesmos em seus amigos, o duque havia lançado boas bases para o seu poderio, já que controlava toda a Romanha com o ducado de Urbino, parecendo-lhe, ainda, ter tornado amiga da Romanha e ganho para si todas aquelas populações que começavam a experimentar os benefícios de seu governo.

Tomada que foi a Romanha, encontrando-a dirigida por senhores impotentes, os quais mais depressa haviam espoliado os seus súditos do que os tinham governado, dando-lhes motivo de desunião ao invés de união, tanto que aquela província era toda cheia de latrocínios, de brigas e de tantas outras causas de insolência, o duque julgou necessário, para torná-la pacífica e obediente ao poder real, dar-lhe bom governo. Por isso, colocou Ramiro de Orco, homem cruel e solícito, ao qual deu os mais amplos poderes. Este, em pouco tempo, tornou-a pacífica e unida, com grande reputação.

Depois, o duque entendeu não ser necessária tão excessiva autoridade, temendo que ela se tornasse odiosa; instalou um juízo civil no centro da província, com um presidente excelentíssimo, onde cada cidade tinha o seu representante. E porque sabia que os excessos do passado tinham dado origem a algum ódio, para limpar os espíritos daquelas populações e conquistá-los completamente, quis mostrar que, se alguma crueldade havia ocorrido, não nascera dele, mas sim da triste e cruel natureza do ministro. E, servindo-se da oportunidade, fez colocarem-no, uma manhã, na praça pública de Casena, cortado em dois pedaços, com um pau e uma faca ensanguentada ao lado. A ferocidade desse espetáculo fez com que a população ficasse ao mesmo tempo satisfeita e pasmada.

Encontrando-se o duque bastante forte e relativamente garantido contra os perigos presentes, por ter-se armado a seu modo e ter em boa parte dissolvido aquelas tropas que, próximas, poderiam molestá-lo, restava-lhe, querendo prosseguir com as conquistas, o temor ao rei de França, porque sabia como tal proceder não seria suportado pelo mesmo que, tarde, havia se apercebido de seu erro. Começou, por isso, a procurar novas amizades e a voltar as costas para a França na incursão que os franceses fizeram no reino de Nápoles, contra os espanhóis que assediavam Gaeta. A sua intenção era garantir-se contra eles, o que teria surtido pronto efeito se Alexandre não tivesse morrido.

Quanto às coisas presentes, esta foi sua política. Mas, quanto às futuras, ele tinha a temer, inicialmente, que um novo sucessor ao governo da Igreja não fosse seu amigo e procurasse tomar-lhe aquilo que Alexandre lhe dera; e pensou proceder por quatro modos: primeiro, extinguir as famílias daqueles senhores que ele tinha espoliado, para tolher ao papa aquela oportunidade; segundo, conquistar todos os gentis-homens de Roma, como foi dito, para poder com eles manter o papa tolhido; terceiro, tornar o Colégio mais seu o quanto possível; quarto, conquistar tanto poder antes que o pai morresse, que pudesse por si mesmo resistir a um primeiro impacto.

Destas quatro coisas, à morte de Alexandre ele havia realizado três, estando a quarta quase terminada: porque dos senhores despojados ele matou quantos pôde alcançar e pouquíssimos se salvaram; tinha conseguido o apoio dos gentis-homens romanos e no Colégio possuía grande influência; e, quanto à nova conquista, resolvera tornar-se senhor da Toscana, possuía já Perúgia e Piombino e havia tomado a proteção de Pisa.

Como não mais precisasse ter respeito à França (que o desmerecera por estarem já os franceses despojados do reino pelos espanhóis, de forma que cada um deles necessitava comprar a sua amizade), invadiu Pisa. Depois disso, Lucca e Ciena cederiam prontamente, parte por inveja dos florentinos, parte por medo; os florentinos não tinham a quem recorrer: o que, se tivesse acontecido (deveria ocorrer no mesmo ano em que Alexandre morreu), conferir-lhe-ia tantas forças e tanta reputação que ele teria se mantido por si mesmo, não mais dependendo da fortuna e das forças dos outros, mas sim de sua própria potência e virtude. Mas Alexandre morreu cinco anos depois que ele começara a desembainhar a espada. Deixou-o apenas com o Estado da Romanha consolidado, com todos os outros no ar, em meio a dois fortíssimos exércitos inimigos e doente de morte.

Havia no duque tanta bravura indômita e tanta virtude, conhecia tão bem como se conquistam ou se perdem os homens e totalmente sólidos eram os alicerces que assim em tão pouco tempo havia lançado, que, se não tivesse tido aqueles exércitos sobre si, ou se estivesse são, teria vencido qualquer dificuldade. E que os seus alicerces fossem bons, viu por que a Romanha o esperou mais de um mês. Em Roma, ainda que apenas meio vivo, esteve em segurança e, se bem os Baglioni, Vitelli e Orsíni viessem a Roma, nada puderam fazer contra ele. Se não pôde fazer papa quem queria, pelo menos evitou que o fosse quem ele não queria. Mas, se por ocasião da morte de Alexandre ele tivesse estado são, tudo lhe teria sido fácil. Disse-me ele, no dia em que foi eleito o papa Júlio II, que havia cogitado de tudo aquilo que podia acontecer morrendo o pai e para tudo encontrara remédio, mas jamais havia pensado, além da morte de seu pai, que ele mesmo, também, pudesse estar para morrer.

Expostas desta forma todas as ações do duque, eu não saberia repreendê-lo; antes penso que, como o fiz, deva ser proposto à imitação de todos aqueles que por fortuna e com as armas dos outros subiram ao poder. Porque, tendo grande ânimo e alta intenção, ele não podia portar-se de outra forma; aos seus desígnios, somente se opuseram a brevidade da vida de Alexandre e a sua enfermidade. Quem, pois, julgar necessário, no seu principado novo, assegurar-se contra os inimigos, adquirir amigos, vencer ou pela força ou pela fraude, fazer-se amar e temer pelo povo, seguir e reverenciar pelos soldados, eliminar aqueles que podem ou têm razões para ofender, ordenar por novos modos as instituições antigas, ser severo e grato, magnânimo e liberal, extinguir a milícia infiel, criar uma nova, manter a amizade dos reis e dos príncipes, de modo que beneficiem de boa vontade ou ofendam com temor, não poderá encontrar exemplos mais recentes que as ações do duque.

> *"Se não pôde fazer papa quem queria, pelo menos evitou que o fosse quem ele não queria."*

Somente se pode acusá-lo pela má escolha que fez ao eleger o papa Júlio ao pontificado; porque, como foi dito, não podendo fazer um papa de acordo com seu desejo, ele podia impedir que fosse feito quem não quisesse; e não devia jamais consentir no papado daqueles cardeais que tivessem sido por ele ofendidos, ou que, tornados papas, viessem a temê-lo. Na verdade, os homens ofendem ou por medo ou por ódio. Os que ele ofendera eram, entre outros, San Piero ad Vincula, Colonna, San Giorgio, Ascânio; todos os outros, tornados papas, tinham por que temê-lo, exceto o de Ruão e os espanhóis; estes, por afinidade e por obrigações, aquele pelo poder e por ter ao seu lado o reino da França. Consequentemente, o duque, antes de tudo, devia fazer com que fosse eleito um papa espanhol e, não podendo, devia consentir que fosse eleito o cardeal de Ruão e não o de San Piero ad Vincula. E quem acreditar que grandes personagens se esqueçam de injúrias antigas com benefícios novos, engana-se. O duque errou nessa eleição, tornando-se ele mesmo a causa de sua ruína.

CAPÍTULO VIII
DOS QUE CHEGARAM AO PRINCIPADO POR MEIO TRAIÇOEIRO
(De his qui per scelera ad principatum pervenere)

Pode-se tornar príncipe ainda por dois modos que não podem ser atribuídos totalmente à fortuna ou à virtude, não me parece acertado pô-los à parte, ainda que de um deles se possa mais amplamente cogitar ao falarmos de repúblicas. Estes são, ou quando por qualquer meio criminoso e traiçoeiro se ascende ao principado, ou quando um cidadão privado se torna príncipe de sua pátria pelo favor de seus concidadãos. E, falando do primeiro modo, apontarei dois exemplos, um antigo e outro atual, sem entrar, contudo, no mérito desta parte, pois penso que quem necessitar bastará apenas imitá-los.

Agátocles, da Sicília, não só de condição privada, mas também de ínfima e abjeta condição, tornou-se rei de Siracusa. Filho de um oleiro, teve sempre, no decorrer de sua juventude, vida criminosa; todavia, acompanhou seus atos delituosos de tanto vigor de ânimo e de corpo que, tendo ingressado na milícia, em razão de atos de maldade, chegou a ser pretor de Siracusa. Uma vez investido nesse posto, tendo deliberado tornar-se príncipe e manter pela violência e sem favor dos outros aquilo que por acordo de todos lhe tinha sido concedido, depois, acerca desse seu desejo ter estabelecido acordo com Amílcar, o cartaginês, que se encontrava em ação com os seus exércitos na Sicília, reuniu certa manhã o povo e o senado de Siracusa como se tivesse de deliberar sobre assuntos pertinentes à república e, a um sinal combinado, fez que seus soldados matassem todos os senadores e os mais ricos da cidade; mortos estes, ocupou e manteve o principado daquela cidade sem qualquer controvérsia civil. E, se bem por duas vezes os cartagineses tivessem com ele rompido e estabelecido assédio, não só pôde defender a sua cidade como ainda, tendo deixado parte de sua gente na defesa contra o cerco, com o restante assaltou a África e em breve tempo libertou Siracusa do sítio levando os cartagineses a extrema dificuldade: tiveram de com ele estabelecer acordo e contentar-se com as possessões da África, deixando a Sicília para Agátocles.

Quem considere, pois, as ações e a vida desse príncipe, não encontrará coisa, ou pouca achará, que possa atribuir à fortuna: suas ações resultaram, como acima se disse, não do favor de alguém, mas de sua ascensão na milícia, obtida com mil aborrecimentos e perigos, que lhe permitiu alcançar o principado e, depois, mantê-lo com tantas decisões corajosas e arriscadas. Não se pode, ainda, chamar virtude o matar os seus concidadãos, trair os amigos, ser sem fé, sem piedade, sem religião; tais modos podem fazer conquistar poder, mas não glória. Ademais, se se considerar a virtude de Agátocles no entrar e no sair dos perigos e a grandeza de seu ânimo no suportar e superar as adversidades, não se achará por que deva ser ele julgado inferior a qualquer dos mais excelentes capitães; contudo, sua exacerbada crueldade e desumanidade, com inúmeras perversidades, não permitem que seja ele celebrado entre os homens mais ilustres. Não se pode, assim, atribuir à fortuna ou à virtude aquilo que sem uma e outra foi por ele conseguido.

Nos nossos tempos, reinando Alexandre VI, Oliverotto de Fermo, tendo anos antes ficado órfão de pai, foi criado por um tio materno de nome

Giovanni Fogliani; nos primeiros anos de sua juventude, foi encaminhado à vida militar sob o comando de Paulo Vitelli, a fim de que, tomado daquela disciplina, atingisse algum excelente posto da milícia. Morto Paulo, militou sob Vitellozzo, irmão daquele, e em muito pouco tempo, por ser engenhoso, de físico e ânimo fortes, tornou-se o primeiro homem de sua milícia. Mas, parecendo-lhe coisa servil o estar sob as ordens de outrem, com a ajuda de alguns cidadãos de Fermo, aos quais era mais cara a servidão que a liberdade de sua pátria, e com o favor de Vitellozzo, pensou ocupar Fermo. E escreveu a Giovanni Fogliani dizendo que, por ter estado muitos anos fora de casa, desejava ir visitá-lo, e rever sua cidade e conhecer o seu patrimônio; como não tinha trabalhado senão para conquistar honras, para que seus concidadãos vissem como não tinha gasto o tempo em vão, queria chegar com pompa e acompanhado de cem cavalos, de amigos e servidores seus; pediu a seu tio que fosse ele recebido pelos cidadãos de Fermo com todas as honras, o que não somente o dignificaria, mas também a Fogliani, dado haver sido seu discípulo.

Giovanni não deixou de despender esforços em favor de seu sobrinho: tendo feito com que os moradores de Fermo o recebessem com honrarias, alojou-o em suas casas. Aí, passados alguns dias e pronto para ordenar secretamente aquilo que era necessário à sua futura artimanha; Oliverotto promoveu soleníssimo banquete para o qual convidou Giovanni Fogliani e todos os principais homens de Fermo. Consumidas as iguarias e após todos os demais entretenimentos usuais em semelhantes ocasiões, Oliverotto, com habilidade, abordou certos assuntos graves, falando da grandeza do papa Alexandre, de seu filho César e dos empreendimentos dos mesmos. Tendo Giovanni e os demais respondido a tais considerações, ele, repentinamente, ergueu-se dizendo ser aquilo assunto para falar-se em lugar mais secreto, retirando-se para um cômodo onde Giovanni e todos os outros foram ter com ele. Nem ainda tinham se assentado, de lugares ocultos saíram soldados que mataram Giovanni e a todos os demais.

Depois desse massacre, Oliverotto montou a cavalo, correu a cidade acompanhado de seus homens e assediou em seu palácio o supremo magistrado; em consequência, por medo, foram obrigados a obedecê-lo e formar um governo do qual ele se fez príncipe. E, mortos todos aqueles que, por descontentes, poderiam ofendê-lo, fortaleceu-se com novas ordens civis e militares, de forma que, no período de um ano em que reteve o principado, não somente esteve forte na cidade de Fermo, como também se tornou causa de pavor para todas as populações vizinhas. Teria sido difícil a sua destruição, como difícil foi a de Agátocles, se não tivesse sido enganado por César Bórgia quando este, em Senigália, como já se disse, aprisionou os Orsíni e os Vitelli. Aí, preso também ele, foi estrangulado juntamente com Vitellozzo, mestre de suas virtudes e suas deslealdades, um ano após haver cometido o parricídio.

Poderia alguém ficar em dúvida sobre a razão por que Agátocles e algum outro a ele semelhante, após tantas traições e crueldades, puderam viver longamente, sem perigo, dentro de sua pátria e, ainda, defender-se dos inimigos externos sem que os seus concidadãos contra eles tivessem conspirado, tanto mais notando-se que muitos outros não conseguiram manter o Estado, mediante a crueldade, nos tempos pacíficos e, muito menos, nos duvidosos tempos de guerra. Penso que isto resulte das crueldades serem mal ou bem usadas. Bem usadas pode-se dizer serem aquelas (se do mal for lícito falar bem) que se fazem instantaneamente pela necessidade do firmar-se e, depois, nelas não se insiste, mas sim se as transforma no máximo possível de utilidade para os súditos; mal usadas são aquelas que, mesmo poucas a princípio, com o decorrer do tempo aumentam ao invés de se extinguirem. Aqueles que observam o primeiro modo de agir, podem remediar sua situação com apoio de Deus e dos homens, como ocorreu com Agátocles; aos outros torna-se impossível a continuidade no poder.

Por isso é de notar-se que, ao ocupar um Estado, deve o conquistador exercer todas aquelas ofensas que se lhe tornem necessárias, fazendo-as todas a um tempo só para não precisar renová-las a cada dia e poder, assim, dar segurança aos homens e conquistá-los com benefícios. Quem age diversamente, ou por timidez ou por mau conselho, tem sempre necessidade de conservar a faca na mão, não podendo nunca confiar em seus súditos, pois que estes nele também não podem ter confiança diante das novas e contínuas injúrias. Portanto, as ofensas devem ser feitas todas de uma só vez, a fim de que, pouco degustadas, ofendam menos, ao passo que os benefícios devem ser feitos aos poucos, para que sejam melhor apreciados. Acima de tudo, um príncipe deve viver com seus súditos de modo que nenhum acidente, bom ou mau, o faça variar: porque, surgindo pelos tempos adversos a necessidade, não estarás em tempo de fazer o mal, e o bem que tu fizeres não te será útil eis que, julgado forçado, não trará gratidão.

CAPÍTULO IX
DO PRINCIPADO CIVIL
(De principatu civili)

Quando um cidadão privado, não por traição ou outra intolerável violência, porém com o favor de seus concidadãos, torna-se príncipe de sua pátria, o que se pode chamar principado civil (para tal se tornar, não é necessária muita virtude ou muita fortuna, mas antes uma astúcia afortunada), digo que se ascende a esse principado ou com o favor do povo ou com aquele dos grandes. Porque em toda cidade se encontram estas duas tendências diversas e isso resulta do fato de que o povo não quer ser mandado nem oprimido pelos poderosos e estes desejam governar e oprimir o povo: é destes dois anseios diversos que nasce nas cidades um dos três efeitos: ou principado, ou liberdade, ou desordem.

O principado é constituído ou pelo povo ou pelos grandes, conforme uma ou outra destas partes tenha oportunidade: vendo os grandes não lhes ser possível resistir ao povo, começam a emprestar prestígio a um dentre eles e o fazem príncipe para poderem, sob sua sombra, dar expansão ao seu apetite; o povo, também, vendo não poder resistir aos poderosos, volta a estima a um cidadão e o faz príncipe para estar defendido com a autoridade do mesmo. Aquele que chega ao principado com a ajuda dos grandes se mantém com mais dificuldade daquele que ascende ao posto com o apoio do povo, pois se chega ao principado com muitos ao redor lhe parecerem seus iguais, não pode nem governar nem manobrar como entender.

Mas quem chega ao principado com o apoio popular, aí se encontra só e a sua volta não tem ninguém ou são pouquíssimos que não estejam preparados para obedecer. Além disso, sem injúria aos outros, não se pode honestamente satisfazer os grandes, mas sim pode-se fazer bem ao povo, eis que o objetivo deste é mais honesto daquele dos poderosos, querendo estes oprimir enquanto aquele apenas quer não ser oprimido.

Um príncipe jamais pode estar garantido contra a inimizade do povo, por serem muitos. Dos grandes, porém, pode se assegurar porque são poucos. O pior que pode um príncipe esperar do povo hostil é ser por ele abandonado; mas dos poderosos inimigos não só deve temer ser abandonado, como também deve recear que os mesmos se voltem contra, pois que, havendo neles mais visão e maior astúcia, contam sempre com tempo para salvar-se e procuram adquirir prestígio junto àquele que esperam que venha a vencer. Ainda, o príncipe tem de viver, necessariamente, sempre com o mesmo povo, ao passo que pode bem viver sem aqueles mesmos poderosos, uma vez que pode fazer e desfazer a cada dia esse seu poderio, dando-lhes ou tirando-lhes reputação, a seu bel-prazer.

Os grandes devem ser considerados em dois grupos principais: ou se comportam de modo a sujeitar-se inteiramente à fortuna do príncipe, ou agem por conta própria. Os que se sujeitam e não são gananciosos devem ser considerados e amados. Os que não se sujeitam devem ser encarados de dois modos: se fazem isso por covardia ou por natural defeito de espírito, deverás servir-te deles, principalmente porque são bons conselheiros, porque na prosperidade isso te honrará e na adversidade não precisarás temê-los. Mas quando eles, ardilosamente, não se sujeitam por ambição, é sinal que pensam mais em si próprios do que em ti: desses, deve o príncipe guardar-se temendo-os como se fossem inimigos declarados, porque sempre, na adversidade, ajudarão a arruiná-lo.

Alguém que se torne príncipe mediante o favor do povo deve conservá-lo amigo, o que se torna fácil, uma vez que não pede ele senão não ser oprimido. Mas quem se torna príncipe pelo favor dos grandes, contra o povo, deve antes de mais nada procurar ganhar este para si, o que se torna fácil quando assume a proteção do mesmo. E, por que os homens, quando recebem o bem de quem esperavam somente o mal, se sujeitam mais ao seu benfeitor, torna-se o povo desde logo mais seu amigo do que se tivesse sido por ele levado ao principado. O príncipe pode ganhar o povo por muitas maneiras que, por variarem de acordo com as circunstâncias, delas não se pode estabelecer regra certa, razão pela qual das mesmas não cogitaremos.

Um príncipe necessita ter o povo como amigo, pois, de outro modo, não terá possibilidades na adversidade. Nábis, príncipe dos espartanos, suportou o assédio de toda a Grécia e de um exército romano coberto de vitórias, contra eles defendendo sua pátria e seu Estado. Bastou-lhe apenas, sobrevindo o perigo, garantir-se contra poucos, o que não seria suficiente se tivesse o povo como inimigo. E que não surja alguém para refutar esta minha opinião com aquele provérbio bastante conhecido: "Quem se apoia no povo firma-se na lama"; porque o mesmo é verdadeiro somente quando um cidadão privado estabelece bases sobre o povo e imagina que o mesmo vá libertá-lo quando oprimido pelos inimigos ou pelos magistrados. Neste caso seria possível sentir-se frequentemente enganado, como os Gracos em Roma e monsenhor Giórgio Scali em Florença. Mas sendo um príncipe que se apoie no povo, que possa mandar e seja um homem de coragem, que não esmoreça nas adversidades, não careça de armas e mantenha com seu valor e suas determinações alentado o povo todo, jamais se sentirá por ele enganado e constatará ter estabelecido bons fundamentos.

Esses principados frequentemente correm perigo quando estão para passar da ordem civil para um governo absoluto, porque esses príncipes ou governam por si mesmos ou por intermédio dos magistrados. Neste último caso a situação dos mesmos é mais fraca e perigosa, porque dependem completamente da vontade dos cidadãos prepostos à magistratura, os quais, principalmente nos tempos adversos, podem tomar-lhes o Estado com grande facilidade, ou contrariando suas ordens ou não lhes prestando obediência. E o príncipe não pode, nas ocasiões de perigo, assumir em tempo a autoridade absoluta, porque os cidadãos e os súditos, acostumados a receber as ordens dos magistrados, não estão, naquelas conjunturas, para obedecer às suas determinações, havendo sempre, ainda, nos tempos duvidosos, carência de pessoas nas quais ele possa confiar. Tal príncipe não pode basear-se naquilo que observa nas épocas de paz, quando os cidadãos precisam do Estado, porque então todos correm, todos prometem e cada um quer morrer por ele enquanto a morte está longe; mas na adversidade, no momento em que o Estado tem necessidade dos cidadãos, então poucos são encontrados. E tanto mais é perigosa esta experiência, quanto não se pode executá-la senão uma vez. Contudo, um príncipe hábil deve pensar na maneira pela qual possa fazer com que os seus cidadãos sempre e em qualquer circunstância tenham necessidade do Estado e dele mesmo, e estes, então, sempre lhe serão fiéis.

CAPÍTULO X
DE QUE MODO SE DEVEM MEDIR AS FORÇAS DE TODOS OS PRINCIPADOS
(Quomodo omnium principatuum vires perpendi debeant)

Ao examinar as modalidades desses principados, convém fazer mais uma consideração: se o príncipe de um Estado muito poderoso seria capaz, caso necessário, de sustentar-se por si mesmo ou se sempre precisará da proteção de outrem. Para esclarecer melhor esta parte, julgo como podendo manter-se por si mesmos aqueles que podem, por abundância de homens e de dinheiro, organizar um exército à altura do perigo a enfrentar e fazer face a uma batalha contra quem venha assaltá-lo, assim como julgo necessitados da defesa de outrem os que não podem defrontar o inimigo em campo aberto, mas são obrigados a refugiar-se atrás dos muros da cidade, guarnecendo-os. Quanto ao primeiro caso já foi falado e, futuramente, diremos o que for necessário. Em relação ao segundo, não se pode provar algo mais do que exortar tais príncipes a fortificarem e a proverem sua cidade, não se preocupando com o território que a contorna.

Quem tiver a sua cidade bem fortificada, acerca dos outros assuntos, se tem conduzido para com os súditos como anteriormente foi dito e posteriormente se esclarecerá, será sempre assaltado com grande temor, porque os homens são sempre inimigos dos empreendimentos onde encontram dificuldades, e não se pode encontrar facilidade para atacar quem tenha sua cidade forte e não seja odiado pelo povo.

As cidades da Alemanha gozam de grande liberdade, têm pouco território e obedecem ao imperador quando assim querem. Não temem nem a este nem a outro poderoso que lhes esteja ao derredor porque são de tal forma fortificadas que todos pensam que deve ser maçante e difícil submeter e dominá-los. Na verdade, todas têm fossos e muros adequados, possuem artilharia suficiente, conservam sempre nos armazéns públicos o necessário para beber, comer e se manter aquecidos por um ano. Além disso, para manter a plebe alimentada sem prejuízo do povo, têm sempre, em comum, por um ano, meios para lhe dar trabalho naquelas atividades que sejam o nervo e a vida daquelas cidades e das indústrias das quais a plebe se alimente. Têm em grande conceito os exercícios militares, a respeito dos quais têm muitas leis de regulamentação.

Um príncipe, pois, que tenha uma cidade forte e não se faça odiar, não pode ser atacado e, existindo alguém que o assaltasse, retirar-se-ia com vergonha, eis que as coisas do mundo são assim tão variadas que é quase impossível alguém ficar com os exércitos ociosos por um ano, a assediá-lo. A quem replicasse que, tendo as suas propriedades fora da cidade e vendo-as a arder, o povo não terá paciência e o longo assédio e a piedade de si mesmo o farão esquecer o príncipe, eu responderia que um príncipe poderoso e afoito superará sempre aquelas dificuldades, ora dando aos súditos esperança de que o mal não será longo, ora incutindo temor da crueldade do inimigo, ora assegurando-se com destreza daqueles que lhe pareçam muito temerários.

O inimigo deve arruinar o país logo após a sua chegada, quando o ânimo dos homens está ainda ardente e voluntarioso na defesa; por isso, o príncipe não precisa temer porque, depois de alguns dias, quando os ânimos estão mais frios, os danos já foram causados, os males já foram sofridos e não há mais remédio; então, os súditos vêm se unir ainda mais ao seu príncipe, parecendo-lhes que este lhes deva obrigação, uma vez que suas casas foram incendiadas e suas propriedades arruinadas para a defesa do mesmo. E a natureza dos homens é aquela de obrigar-se tanto pelos benefícios que são feitos como por aqueles que se recebem. Donde, em se considerando tudo bem, não será difícil a um príncipe prudente conservar firmes, antes e depois do cerco, os ânimos de seus cidadãos, desde que não faltem víveres nem meios de defesa.

CAPÍTULO XI
DOS PRINCIPADOS ECLESIÁSTICOS
(De principatibus eclesiasticis)

Vamos falar agora dos principados eclesiásticos, abrangendo todas as dificuldades encontradas antes de conquistá-los, visto que são adquiridos ou pela virtude ou pela fortuna, e sem uma e outra se conservam, porque são sustentados por antigas ordens estabelecidas na religião. Estas tornam-se tão fortes e de tal natureza que mantêm os seus príncipes sempre no poder, seja qual for o modo por que procedam e vivam. Só estes possuem Estados e não os defendem; súditos, e não os governam; os Estados, por serem indefesos, não lhes são tomados. Os súditos, por não serem governados, não se preocupam, não pensam e nem podem separar-se deles. Somente estes principados, pois são seguros e felizes. Mas, sendo eles dirigidos por razão superior, à qual a mente humana não atinge, deixarei de falar a seu respeito, mesmo porque, sendo engrandecidos e mantidos por Deus, seria obra de homem presunçoso e temerário dissertar a seu respeito. Contudo, se alguém me perguntar donde provém que a Igreja, no poder temporal, tenha chegado a tanta grandeza, pois que antes de Alexandre os potentados italianos, e não apenas aqueles que eram ditos "potentados" mas qualquer barão e senhor, mesmo que sem importância, pouco valor davam ao poder temporal da Igreja, e agora um rei da França treme, ele pode expulsá-lo da Itália e ainda logra arruinar os venezianos, apontarei fatos que, a despeito de conhecidos, não me parece supérfluo reavivar em parte na memória.

Antes que Carlos, rei da França, invadisse a Itália, esta província encontrava-se sob o domínio do papa, dos venezianos, do rei de Nápoles, do duque de Milão e dos florentinos. Estes potentados tinham de se haver com dois cuidados principais: um, que nenhum estrangeiro entrasse na Itália com tropas; o outro, que nenhum deles expandisse seus domínios.

Aqueles dos quais se tinha mais receio eram o papa e os venezianos. Para conter os venezianos tornou-se necessária a união de todos os demais, como ocorreu na defesa de Ferrara; para deter o papa, serviam-se dos barões de Roma, eis que estando divididos em duas facções, Orsíni e Colonna, sempre existia motivo de discórdia entre eles e, estando de arma em punho sob os olhos do pontífice, mantinham o pontificado fraco e inseguro. Se bem surgisse, vez por outra, um papa animoso, como foi Xisto, nem a sua fortuna nem o seu saber puderam livrá-lo desses inconvenientes.

A brevidade da vida dos pontífices era a causa dessa situação porque, nos dez anos que, em média, vivia um papa, somente com muita dificuldade podia ele enfraquecer uma das facções; se, por exemplo, um deles tivesse quase extinguindo os Collonessi surgia um outro, inimigo dos Orsíni, que os fazia ressurgir sem que tivesse tempo de liquidar os Orsíni. Isso tornava o poder temporal do papa pouco considerado na Itália.

Surgiu depois Alexandre VI que, de todos os pontífices que já existiram, foi o que mostrou como um papa poderia, com o dinheiro e as tropas, adquirir maior poder; e o fez, com o uso do duque Valentino como instrumento e com a oportunidade da invasão dos franceses, todas aquelas coisas que relatei anteriormente com relação às ações do duque.

Se bem seu intento não fosse o de tornar grande a Igreja, mas sim o duque, não obstante, tudo o que fez reverteu em favor da grandeza da Igreja, a qual, após a sua morte, extinto o duque, se tornou herdeira de sua obra. Veio depois o papa Júlio II e encontrou a Igreja grande, possuindo toda a Romanha, reduzidos à impotência os barões de Roma e, pelas perseguições de Alexandre, anuladas aquelas facções; encontrou, ainda, o caminho aberto para acumular dinheiro, o que jamais havia sido feito antes de Alexandre.

Papa Júlio II não só seguiu tais práticas, como as ampliou; pensou em conquistar Bolonha, extinguir os venezianos e expulsar os franceses da Itália: todos esses empreendimentos lhe saíram bem, e com tanto maior louvor quanto realizou tudo isso para engrandecer a Igreja e não para favorecer algum cidadão particular. Conservou, ainda, os partidos dos Orsíni e dos

Colonna nas mesmas condições em que os encontrara e, se bem que entre eles houvesse algum chefe capaz de fazer mudar a situação, duas coisas os mantiveram quietos: a grandeza da Igreja, que os atemorizava; e o fato de não terem cardeais, os quais são os causadores dos tumultos entre as facções. Nem em tempo algum ficarão quietas essas partes, desde que possuam cardeais, pois estes sustentam os partidos dentro e fora de Roma e os barões são forçados a defendê-los; assim, da ambição dos prelados, nascem as discórdias e os tumultos entre os barões. Sua Santidade, o papa Leão, encontrou o pontificado potentíssimo e, espera-se que aqueles aos quais nos referimos o fizeram grande pelas armas, este o fará ainda maior e mais venerado pela bondade e suas outras infinitas virtudes.

CAPÍTULO XII
DE QUANTAS ESPÉCIES SÃO AS MILÍCIAS, E DOS SOLDADOS MERCENÁRIOS
(Quot sint genera militiae et de mercenariis militibus)

Vou agora falar de forma genérica dos meios ofensivos e defensivos que em cada um dos citados principados possam ocorrer. Anteriormente falei detalhadamente de todas as espécies de principados, dos quais já no início me propus comentar, e consideradas, em alguns pontos, as causas do bem-estar e do mal-estar dos mesmos, mostrados que foram os modos pelos quais muitos procuraram adquiri-los e conservá-los.

Falamos como é necessário a um príncipe ter bons fundamentos; do contrário, necessariamente, cairá em ruína. Os principais fundamentos que os Estados têm, tanto os novos como os velhos ou os mistos, são as boas leis e as boas armas. E, como não pode haver boas leis onde não existam boas armas e, onde existem boas armas convém que haja boas leis, deixarei de falar das leis e me reportarei apenas às armas.

As armas com as quais um príncipe defende o seu Estado, ou são próprias ou são mercenárias, ou auxiliares ou mistas. As mercenárias e as auxiliares são inúteis e perigosas e, se alguém tem o seu Estado apoiado nas tropas mercenárias, jamais estará firme e seguro, porque elas são desunidas, ambiciosas, indisciplinadas, infiéis; galhardas entre os amigos, vis entre os inimigos; não têm temor a Deus e não têm fé nos homens, e tanto se adia a ruína, quanto se transfere o assalto; na paz se é espoliado por elas, na guerra, pelos inimigos. A razão disto é que elas não têm outro amor nem outra razão que as mantenha em campo, a não ser um pouco de soldo, o qual não é suficiente para fazer com que queiram morrer por ti. Querem muito ser teus soldados enquanto não estás em guerra, mas, quando esta surge, querem fugir ou ir embora.

Para convencer de tais coisas não preciso me esforçar muito, pois a atual ruína da Itália não foi causada por outro fator senão o de ter, por espaço de muitos anos, repousado sobre as armas mercenárias. Elas já fizeram algo em favor de alguns e pareciam galhardas nas lutas entre si; mas, quando surgiu o estrangeiro, mostraram-lhe o que eram. Por isso foi possível a Carlos, rei da França, tomar a Itália facilmente; e quem disse que a causa disso foram os nossos pecados, dizia a verdade, se bem que esses pecados não fossem aqueles que ele julgava, mas sim esses que eu narrei, e como eram os príncipes culpados, estes sofreram o castigo.

Quero demonstrar melhor a infeliz qualidade destas tropas. Os capitães mercenários ou são homens excelentes, ou não: se o forem, não podes confiar, porque sempre aspirarão à própria grandeza, abatendo a ti que és o seu patrão, ou oprimindo os outros contra a tua vontade. Porém, se não forem grandes chefes, certamente te levarão à ruína. E, se for respondido que qualquer um que detenha as forças nas mãos fará isso, mercenário ou não, responderei dizendo como as armas devem ser usadas por um príncipe ou por uma república. O príncipe deve ir pessoalmente com as tropas e exercer as atribuições do capitão: a república deve mandar seus cidadãos e, quando enviar um que não se revele valente, deve substituí-lo, quando animoso deve detê-lo com as leis para que não avance além do limite. Por experiência se veem príncipes sós e repúblicas armadas fazerem grandes progressos, enquanto se veem tropas mercenárias não causarem mais do que danos. Ainda, uma república armada de tropas próprias se submete ao domínio de um cidadão com maior dificuldade do que aquela que esteja protegida por tropas mercenárias ou auxiliares.

Roma e Esparta foram, durante muitos séculos, armadas e livres. Os suíços são armadíssimos e extremamente livres. Das armas mercenárias antigas, podemos citar como exemplo os cartagineses, que quase foram oprimidos por seus soldados mercenários, ao fim da primeira guerra com os romanos, a despeito de terem por chefes os próprios cidadãos de Cartago. Felipe da Macedônia foi pelos tebanos feito capitão de sua gente, depois da morte de Epaminondas, e após a vitória lhes tolheu a liberdade. Os milaneses, morto o duque Felipe, assalariaram Francisco Sforza para combater os venezianos e o mesmo, vencidos os inimigos em Caravaggio, a estes se uniu para oprimir os milaneses, seus patrões. Sforza, seu pai, estando a serviço da rainha Joana de Nápoles, deixou-a repentinamente desarmada; por isso, ela, para não perder o reino, foi obrigada a lançar-se aos braços do rei de Aragão.

E se venezianos e florentinos, ao contrário, tiveram aumentado o seu domínio com essas tropas, e os seus capitães se fizeram príncipes, mas os defenderam, esclareço que os florentinos, neste caso, foram favorecidos pela sorte, porque dos capitães de valor, aos quais podiam temer, alguns não venceram ou tiveram de lutar contra antagonistas, outros voltaram sua ambição para paragens diversas. Quem não venceu foi Giovanni Aucut. Por isso, mesmo não se podendo conhecer sua fidelidade, mas todos concordarão que, se tivesse vencido, os florentinos estariam à sua mercê. Sforza sempre teve os Braccio contra si, vigiando-se uns aos outros. Francisco voltou sua ambição para a Lombardia; Braccio contra a Igreja e o reino de Nápoles. Mas, vejamos o que ocorreu há pouco tempo. Os florentinos fizeram Paulo Vitelli seu capitão, homem de muita prudência e que, de vida privada, havia alcançado grande reputação. Se ele conquistasse Pisa, não haveria quem negasse convir aos florentinos estar sob suas ordens, mesmo porque, se ele tivesse ficado como soldado de seus inimigos, não teriam remédio e, tendo-o ao seu lado, deveriam obedecer-lhe.

Os venezianos, se forem considerados os seus progressos, ver-se-á terem operado segura e gloriosamente enquanto fizeram a guerra sozinhos (o que foi antes de voltarem suas vistas para a terra) sendo que, com o apoio dos gentis-homens e com a plebe armada, operaram com muita valentia. Mas como eles começaram a combater em terra, abandonaram essa prudência e seguiram os costumes de guerra da Itália. No princípio de sua expansão terrestre, por não possuírem um Estado muito grande e por usufruírem de alta reputação, não precisavam temer muito seus capitães. Porém, quando ampliaram suas conquistas, o que ocorreu sob o Carmignola, tiveram a prova desse erro.

Portanto, tendo visto seu valor quando sob seu comando derrotaram o duque de Milão e sentindo, de outra parte, quanto ele esfriara ao conduzir a guerra, julgaram não mais ser possível com ele vencer, dada a sua má vontade. Sem poder licenciá-lo para não perder aquilo que tinham adquirido, para se garantirem viram-se na contingência de matá-lo. Tiveram, depois, por seus capitães Bartolomeu e Bergamo, Roberto de São Severino, Conde de Pitigliano e outros parecidos, com os quais deviam temer as derrotas e não suas conquistas, como ocorreu depois em Vailá, onde, em uma batalha, perderam tudo aquilo que, em oitocentos anos, com tanto trabalho, tinham conquistado. Na verdade, destas tropas resultam apenas lentas, tardias e fracas conquistas, mas rápidas e miraculosas perdas. E, como apresentei estes exemplos da Itália que tem sido, por muitos anos, dominada por armas mercenárias, quero analisar essas tropas de forma mais genérica, a fim de que, vendo a origem e o desenvolvimento das mesmas, se possa melhor corrigir o erro de seu emprego.

Pois devem saber que nestes últimos anos o império começou a ser repelido na Itália e o papa passou a ter reputação no poder temporal, e que a Itália dividiu-se em vários estados. Na verdade, muitas das maiores cidades tomaram as armas contra seus nobres, os quais, antes favorecidos pelo imperador, as mantinham oprimidas, e a Igreja, para obter reputação em seu poder temporal, as favorecia; em muitas outras, os seus cidadãos se tornaram príncipes.

Daí resulta que, tendo a Itália quase toda chegado a cair nas mãos da Igreja e de algumas repúblicas, não estando aqueles padres e aqueles outros cidadãos habituados ao uso das armas, começaram a aliciar mercenários estrangeiros. O primeiro que deu fama a essa milícia foi Alberico da Conio, natural da Romanha, sendo que de sua escola de armas vieram, dentre outros,

Braccio e Sforza, nos seus dias os árbitros da Itália. Depois destes vieram todos os outros que até nossos tempos têm chefiado essas tropas, e o fim do valor das mesmas foi que a Itália se viu percorrida por Carlos, saqueada por Luís, violentada por Fernando e desonrada pelos suíços.

A ordem que eles observaram inicialmente foi, para dar reputação a si próprios, tirar o conceito da infantaria. Fizeram isso porque, sendo eles sem Estado e vivendo da indústria das armas, poucos infantes não lhes dariam fama e, sendo muitos, não poderiam alimentá-los. Dessa forma, limitaram-se à cavalaria onde, com número suportável, as tropas podiam ser nutridas e eles, honrados. E, afinal, a situação tornou-se tal que, em um exército de vinte mil soldados, não se encontravam dois mil infantes. Tinham, além disso, usado todos os meios para afastar de si e de seus soldados o cansaço e o medo, não se matando nos combates, fazendo-se prisioneiros uns aos outros e libertando-se depois sem resgate. Não atacavam as cidades muradas e os das cidades não assaltavam os acampamentos; não faziam nem estacadas nem fossos, não saíam a campo no inverno. Todas estas coisas eram permitidas nas suas regras militares, por eles encontradas para fugir, como foi dito, à fadiga e aos perigos; foi por isso que arrastaram a Itália à escravidão e à desonra.

CAPÍTULO XIII
Dos soldados auxiliares, mistos e próprios
(De militibus auxiliariis, mixtis et propriis)

As tropas auxiliares, que são as outras forças inúteis, são aquelas que se apresentam quando chamas um poderoso para que, com seus exércitos, te venha ajudar e defender, como fez em tempos recentes o papa Júlio II que, tendo visto na campanha de Ferrara a triste figura de suas tropas mercenárias, voltou-se para as auxiliares e entrou em acordo com Fernando, rei da Espanha, no sentido de que este, com sua gente e armas, viesse ajudá-lo. Estas tropas auxiliares podem ser úteis e boas para si mesmas, mas, para quem as chame, são quase sempre danosas, eis que perdendo ficas liquidado, vencendo ficas seu prisioneiro.

Ainda que destes exemplos estejam cheias as antigas histórias, não quero abandonar esta recente lição do papa Júlio II, cuja deliberação de entregar-se inteiramente às mãos de um estrangeiro, por querer conquistar Ferrara, não podia ter sido mais insensata. Mas a boa sorte fez surgir uma terceira circunstância, a fim de que não viesse ele a colher o resultado de sua má decisão; sendo os seus auxiliares derrotados em Ravenna e surgindo os suíços que, contra a expectativa do papa Júlio II e de outros, expulsaram os vencedores, o papa não se tornou prisioneiro nem dos vencedores, que fugiram, nem de suas tropas auxiliares, por ter vencido com outras armas que não as delas.

Os florentinos, estando completamente desarmados, levaram dez mil franceses a Pisa para atacá-la, resolução essa em razão da qual passaram por maior perigo do que em qualquer tempo de seus próprios trabalhos. O imperador de Constantinopla, para opor-se a seus vizinhos, concentrou na Grécia dez mil turcos que, terminada a guerra, não quiseram abandonar o país, o que constitui o início da sujeição da Grécia aos infiéis.

Assim, aquele que não quiser vencer, valha-se destas tropas muito mais perigosas do que as mercenárias, eis que com estas a ruína é certa, dado que são todas unidas, todas voltadas à obediência a outrem. As mercenárias, para te prejudicarem após a vitória, contrariamente ao que ocorre com as mistas, precisam de mais tempo e maior oportunidade, não só por não constituírem um todo, como também por terem sido organizadas e pagas por ti; ainda, e seu líder constituindo uma terceira parte, não obtém autoridade suficiente para isso. Enfim, enquanto nas tropas mercenárias o mais perigoso é a covardia, nas auxiliares é o valor.

Um príncipe prudente, portanto, sempre tem fugido a essas tropas para voltar-se às suas próprias forças, preferindo perder com as suas a vencer com aquelas, eis que, em verdade, não representaria vitória aquela que fosse conquistada com as armas alheias. Jamais vacilarei em citar como exemplo César Bórgia e suas ações. Este duque entrou na Romanha com tropas auxiliares, para lá conduzindo apenas as forças francesas, e com elas tomando Ímola e Forli. Mas, depois, não mais lhe parecendo seguras tais armas, voltou-se para as mercenárias, julgando nelas encontrar menor perigo; e tomou a seu serviço os Orsini e os Viteili. Posteriormente, manejando essas forças e achando-as dúbias, infiéis e perigosas, extinguiu-as e voltou-se para as suas próprias tropas. Pode-se ver facilmente a diferença que existe entre umas e outras dessas armas, considerando a modificação da reputação do duque quando tinha apenas os franceses e depois os Orsíni e Vitelli, e quando ele confiou em seus próprios soldados; seu prestígio aumentou, e só foi suficientemente amado quando todos viram que ele era o senhor absoluto de suas tropas.

Sem abandonar os exemplos italianos e mais recentes; não desejo esquecer Hierão de Siracusa, um dos anteriormente indicados por mim. Este, como já disse, tornado pelos siracusanos chefe dos exércitos, logo reconheceu não ser útil a tropa mercenária, por serem seus chefes idênticos aos nossos italianos; parecendo-lhe não poder conservá-los nem dispensá-los, fez cortar todos eles em pedaços, passando depois a fazer guerra com tropas suas e não com as de outrem. Quero, ainda, trazer à lembrança uma alegoria do Velho Testamento feita com este propósito. Oferecendo-se Davi a Saul para lutar com Golias, um filisteu provocador, Saul, para encorajá-lo, revestiu-o com suas próprias armaduras, as quais, uma vez envergadas por Davi, foram por ele recusadas: com elas não poderia bem se valer de si mesmo, preferindo enfrentar o inimigo apenas com sua funda e sua faca. Enfim, as armas de outrem, ou te caem de cima, ou te pesam ou te constrangem.

Carlos VII, pai de Luís XI, tendo com sua fortuna e sua virtude libertado a França dos ingleses, conheceu essa necessidade de armar-se com forças próprias, e organizou em seu reino, por forma regular, as armas de cavalaria e de infantaria. Mais tarde, o rei Luís, seu filho, extinguiu a infantaria e começou a aliciar os suíços, erro esse que, seguido de outros, tornou-se, como realmente agora se vê, a razão dos perigos daquele reino.

Na verdade, dando reputação aos suíços, Luís aviltou todas as suas tropas, já que extinguiu as forças de infantaria e subordinou sua cavalaria às milícias de outrem, e a esta, acostumada a militar com os suíços, pareceu não ser possível vencer sem eles. Daí decorre que não bastam os franceses contra os suíços e, sem os suíços, não tentam a luta contra os outros. Os exércitos da França, pois, têm sido mistos, parte de mercenários e parte de tropas próprias, forças essas que, juntas, são muitos melhores que as simples auxiliares ou as meramente mercenárias e muito inferiores ao exército próprio. Basta o exemplo citado, pois o reino da França seria invencível, se a organização militar de Carlos tivesse sido desenvolvida ou conservada. Mas a pouca prudência dos homens muitas vezes começa com uma coisa que lhe parece boa, sem se aperceber do veneno que ela encobre, como já disse a respeito da tuberculose.

Portanto, aquele que em um principado não conhece os males logo no início, não é verdadeiramente sábio, o que é dado a poucos. E, se se considerar o início da ruína do Império Romano, ver-se-á ter ela resultado do simples começo de aliciamento dos godos, uma vez que foi daí que começaram a declinar as forças do Império Romano e todo aquele valor que se lhe tirava era atribuído a eles. Concluo, pois, que, sem ter armas próprias, nenhum principado está seguro. Ao contrário, fica ele totalmente sujeito à sorte, não havendo virtude que o defenda na adversidade. Foi sempre opinião e sentença dos homens sábios que *quod nihíl sit tam infirmum aut instabile, quam fama potentiae non sua vi nixa* (Nota do editor: Nada é tão instável quanto a fama de poder de um príncipe quando não se encontra apoiada na própria força).

As forças próprias são aquelas que se constituem de súditos, de cidadãos ou de criaturas tuas; todas as outras são ou mercenárias ou auxiliares. O modo de organizar as tropas próprias será fácil de encontrar, se se analisar a organização dos quatro por mim mencionados, e se se considerar como Felipe, pai de Alexandre Magno, e muitas repúblicas e principados, se armaram e organizaram; a essas organizações eu me reporto inteiramente.

> *"A pouca prudência dos homens muitas vezes começa uma coisa que lhe parece boa, sem se aperceber do veneno que ela encobre."*

CAPÍTULO XIV
O QUE COMPETE A UM PRÍNCIPE ACERCA DA MILÍCIA
(Quod principem deceat circa militiam)

Um príncipe não deve ter outro objetivo, nem outro pensamento, nem tomar qualquer outra coisa por fazer, senão a guerra e a sua organização e disciplina, pois que é essa a única arte que compete a quem comanda. E é ela de tanta virtude, que não só mantém aqueles que nasceram príncipes, como também muitas vezes faz os homens de condição privada subirem àquele posto; ao contrário, vê-se que, quando os príncipes pensam mais nas delicadezas do que nas armas, perdem o seu Estado. A primeira causa que te faz perder o governo é negligenciar essa arte, enquanto que a razão que te permite conquistá-lo é ser mestre nessa arte.

Foi por estar armado que o cidadão privado Francisco Sforza se tornou duque de Milão. Os filhos, para fugir às fadigas das armas, de duques passaram a simples cidadãos privados. Em verdade, entre as outras razões em que te acarretam males, o estar desarmado te torna desprezível, o que constitui uma daquelas infâmias de que o príncipe se deve guardar, como a seguir será exposto.

Realmente, entre um príncipe armado e um desarmado, não existe proporção alguma, e não é razoável que quem esteja armado obedeça com gosto ao que seja desprovido de armas, nem que o desarmado se sinta seguro entre servidores armados, eis que, existindo desdém de parte de um e suspeita do lado do outro, não é possível que ajam bem, estando juntos. Ainda, um príncipe que não entende de tropas, além dos outros prejuízos referidos, sofre por não poder ser estimado pelos seus soldados e nem poder neles confiar.

Portanto, o príncipe não deve desviar um momento sequer o seu pensamento do exercício da guerra, o que pode fazer por dois modos: um com a ação, o outro com a mente. Quanto à ação, além de manter bem organizadas e exercitadas as suas tropas, deve estar sempre em caçadas para acostumar o corpo às fadigas e, em parte, para conhecer a natureza dos lugares e saber como surgem os montes, como embocam os vales, como se estendem as planícies, e aprender a natureza dos rios e dos pântanos, pondo muita atenção em tudo isso.

Esses conhecimentos são úteis por duas razões: primeiro, aprende-se a conhecer o próprio país e pode-se melhor identificar as defesas que ele oferece; depois, em decorrência do conhecimento e prática daqueles lugares, com facilidade poderá entender qualquer outra região que venha a ter de observar, eis que as colinas, os vales, as planícies, os rios e os pântanos que existem, por exemplo, na Toscana, têm certa semelhança com os das outras províncias, de forma que, do conhecimento do terreno de uma província, se pode passar facilmente ao de outras. O príncipe que seja deficiente dessa perícia está desprovido do elemento principal de que necessita um capitão, pois ela ensina a encontrar o inimigo, estabelecer os acampamentos, conduzir os exércitos, ordenar as jornadas, fazer incursões pelas terras com vantagem sobre o inimigo.

Filopémenes, príncipe dos Aqueus, dentre os louvores que lhe foram endereçados pelos escritores, mereceu também aquele de que, nos tempos de paz, em outra coisa não pensava senão em torno de guerra e, quando excursionando pelos campos com os amigos, frequentemente parava e com eles argumentava:

"Se os inimigos estivessem sobre aquela colina e nós nos encontrássemos aqui com nosso exército, qual de nós teria vantagem? Como se poderia atacá-los, mantendo a formação da tropa? Se quiséssemos nos retirar, como deveríamos proceder? Se eles se retirassem, como faríamos para persegui-los?"

E propunha-lhes, enquanto andava, todos os casos que possam ocorrer em um exército; ouvia a opinião dos mesmos, dava a sua, corroborando-a com argumentos, de maneira tal que, em razão dessas contínuas cogitações,

"O príncipe não deve desviar um momento sequer o seu pensamento do exercício da guerra."

jamais poderia, comandando os exércitos, encontrar pela frente algum imprevisto para o qual não tivesse solução.

Mas, quanto ao exercício da mente, deve o príncipe ler as histórias e nelas observar as ações dos grandes homens, ver como se conduziram nas guerras, examinar as causas de suas vitórias e de suas derrotas, para poder fugir às responsáveis por estas e imitar as causadoras daquelas; deve fazer, sobretudo, como, em tempos idos, fizeram alguns grandes homens que imitaram todo aquele que antes deles foi louvado e glorificado, e sempre tiveram em si os gestos e as ações do mesmo, como se diz que Alexandre Magno imitava a Aquiles, César a Alexandre, e Cipião a Ciro. Quem lê a vida de Ciro escrita por Xenofonte percebe, depois, na vida de Cipião, o quanto lhe valeu para a glória aquela imitação, bem como o quanto na castidade, afabilidade, humanidade e liberalidade, Cipião se assemelhava àquilo que Xenofonte escreveu de Ciro.

Um príncipe inteligente deve observar essa semelhança de proceder, nunca ficando ocioso nos tempos de paz, mas sim, com habilidade, procurar formar cabedal para poder utilizá-lo na adversidade, a fim de que, quando mudar a fortuna, se encontre preparado para resistir.

CAPÍTULO XV
DAS RAZÕES PELAS QUAIS OS HOMENS, E ESPECIALMENTE OS PRÍNCIPES, SÃO LOUVADOS OU CULPADOS
(De his rebus quibus homines, et praesertim principes, laudantur aut vituperantur)

Resta examinar agora quais devem ser os modos e o proceder de um príncipe para com os súditos e os amigos e, por que sei que muitos já escreveram a respeito, duvido não ser considerado presunçoso escrevendo ainda sobre o mesmo assunto, principalmente quando irei disputar essa matéria à orientação já por outros dada aos príncipes. Mas, sendo minha intenção escrever algo de útil para quem por tal se interesse, pareceu-me mais conveniente ir em busca da verdade extraída dos fatos e não das divagações acerca dos mesmos, pois muitos conceberam repúblicas e principados jamais vistos ou conhecidos.

Há tanta diferença de como se vive e como se deveria viver, que aquele que abandone o que faz por aquilo que deveria fazer, aprenderá antes o caminho de sua ruína do que o de sua preservação, eis que um homem que queira em todas as suas palavras fazer profissão de bondade, se perderá em meio a tantos que não são bons. Donde é necessário, a um príncipe que queira se manter, aprender a poder não ser bom e usar ou não da bondade, segundo a necessidade.

Deixando de lado, assim, os assuntos relativos a um príncipe imaginário e falando daqueles que são verdadeiros, digo que todos os homens, especialmente os príncipes situados em posição mais preeminente, quando analisados, se fazem notar por alguns daqueles atributos que lhes acarretam ou reprovação ou louvor. Assim é que alguns são ditos como liberais, alguns miseráveis (usando um termo toscano, porque "avaro" em nossa língua é ainda aquele que deseja possuir por rapina, enquanto "misero" chamamos aquele que se abstém em excesso de usar o que possui); alguns são tidos como pródigos, alguns larápios; alguns cruéis, alguns piedosos; um desleal o outro fiel; um frágil e covarde, o outro feroz e animoso; um humano, o outro soberbo; um lascivo, o outro casto; um simples, o outro astuto; um duro, o outro fácil; um grave, o outro leviano; um religioso, o outro incrédulo, e assim por diante.

Sei que cada um confessará que seria sumamente louvável encontrarem-se em um príncipe, de todos os atributos acima referidos, apenas aqueles que são considerados bons; mas, desde que não os podem possuir nem inteiramente observá-los em razão das contingências humanas não o permitirem, é necessário que o príncipe seja tão prudente que saiba fugir à infâmia daqueles vícios que o fariam perder o poder, cuidando evitar até mesmo aqueles que não chegariam a pôr em risco o seu posto; mas, não podendo evitar, é possível tolerá-los, se bem que com quebra do respeito devido. Ainda, não evite o príncipe de incorrer na má faina daqueles vícios que, sem eles, se torne difícil salvar o Estado; pois, se bem considerado for tudo, sempre se encontrará alguma coisa que, parecendo virtude, praticada acarretará ruína, e alguma outra que, com aparência de vício, se for seguida dará origem à segurança e ao bem-estar.

CAPÍTULO XVI
Da liberalidade e da parcimônia
(De liberalitate et parsimonia)

Começando, pois, pelas primeiras qualidades que mencionei, digo que seria bom o príncipe ser considerado liberal; entretanto a liberalidade usada de modo que se torne conhecida de todos, te prejudica, portanto se ela for usada virtuosamente e como se deve usar, não será conhecida e por conseguinte não te evitará a fama do contrário; porém, querendo manter entre os homens o nome de liberal, é preciso não esquecer nenhuma espécie de suntuosidade, de forma tal que um príncipe assim procedendo consumirá em ostentação todas as suas finanças e terá necessidade de, ao final, se quiser manter o conceito de liberal, onerar extraordinariamente o povo de impostos, ser duro no fisco e fazer tudo aquilo de que possa se utilizar para obter dinheiro. Isso começará a torná-lo odioso perante o povo e, empobrecendo-o, o tornará pouco estimado de todos; de forma que, tendo ofendido a muitos e premiado a poucos com essa sua liberalidade, sente mais intensamente qualquer revés inicial e se encontra face ao primeiro perigo. Percebendo isso e querendo recuar, o príncipe incorre desde logo na má fama de miserável.

Um príncipe, não podendo usar essa qualidade de liberal sem sofrer dano, tornando-a conhecida, deve ser prudente, deve não se preocupar com a pecha de miserável, eis que, com o decorrer do tempo, será considerado sempre mais liberal, uma vez vendo o povo que com sua parcimônia a receita lhe basta, pode defender-se de quem lhe mova guerra e tem possibilidade de realizar empreendimentos sem onerar o povo; assim agindo, vem a usar a liberalidade para com todos aqueles dos quais ele nada tira, que são numerosos, e a empregar a miséria para com todos os outros a quem ele não dá, que são poucos. Nos nossos tempos não temos visto grandes realizações senão daqueles que foram ditos por miseráveis, enquanto vimos os outros serem extintos.

Papa Júlio utilizou a fama de liberal para alcançar o papado, não pensou depois em conservá-la, para poder fazer guerra. O atual rei da França fez tantas guerras sem lançar um tributo extraordinário sobre seus súditos, somente porque sobrepôs sua parcimônia às despesas supérfluas. O presente rei da Espanha, se fosse considerado liberal, não teria realizado nem vencido tantos empreendimentos.

Portanto, um príncipe deve gastar pouco para não precisar roubar seus súditos, para poder defender-se, para não ficar pobre e desprezado, para não ser forçado a tornar-se vigarista, não se importando de incorrer na fama de miserável, porque esse é um daqueles defeitos que o fazem reinar. E se alguém dissesse que César alcançou o Império pela liberalidade, sem contar muitos outros que têm sido ou são considerados liberais e atingiram altíssimos postos, eu responderia: ou tu já és príncipe ou estás em via de o ser. No primeiro caso, essa liberalidade é prejudicial, no segundo é bem necessário ser considerado liberal; e César era um daqueles que queriam ascender ao principado de Roma, mas se, depois que o alcançou, tivesse vivido e não tivesse usado comedimento nas despesas, teria destruído o Império. E se alguém replicasse que houve muitos príncipes, tidos como extremamente liberais, que realizaram grandes feitos com seus exércitos, responderia: ou o príncipe gasta do seu, ou de seus súditos, ou de outrem; no primeiro caso, deve ser parcimonioso; nos outros, não deve deixar de praticar nenhuma liberalidade.

E aquele príncipe que vai com os exércitos, que se mantém de rapinagem, de saques e de resgates, maneja bens de outros, tem necessidade dessa liberalidade porque, do contrário, não será seguido pelos soldados. E, daquilo que não é teu nem de súditos teus, podes ser o mais generoso doador, como o foram Ciro, César e Alexandre, eis que o despender aquilo que é dos outros não te tira reputação, ao contrário, a aumenta; somente o gastar o teu é que te prejudica. E não há coisa que tanto se destrua a si mesma como a liberalidade, pois, enquanto tu a usas, perdes a faculdade de utilizá-la, tornando-te pobre e desprezado ou, para fugir à pobreza, ladrão e odioso. Dentre todas as coisas de que um príncipe se deve guardar está o ser desprezado e odiado, e a liberalidade te conduz a uma e a outra dessas coisas. Portanto, é mais sábio ter a fama de miserável, que dá origem a uma infâmia sem ódio, do que, por querer o conceito de liberal, ver-se na necessidade de incorrer no julgamento de vigarista, que cria uma má fama com ódio.

CAPÍTULO XVII
DA CRUELDADE E DA PIEDADE; SE É MELHOR SER AMADO QUE TEMIDO, OU ANTES TEMIDO QUE AMADO
(De crudelitate et pietate; et an sit melius amari quam timeri, vel e contra)

Retomando outras qualidades já referidas, digo que cada príncipe deve desejar ser tido como piedoso e não como cruel: não obstante isso, deve ter o cuidado de não usar mal essa piedade. César Bórgia era considerado cruel; entretanto, essa sua crueldade tinha recuperado a Romanha, logrando uni-la e pô-la em paz e em lealdade. O que, se bem considerado for, mostrará ter sido ele muito mais piedoso do que o povo florentino, o qual, para fugir à pecha de cruel, deixou que Pistoia fosse destruída. Um príncipe não deve, pois, temer a má fama de cruel, desde que por ela mantenha seus súditos unidos e leais, pois que, com poucos exemplos, ele será mais piedoso do que aqueles que, por excessiva piedade, deixam acontecer as desordens das quais resultam assassínios ou rapinagens: porque estes costumam prejudicar a comunidade inteira, enquanto aquelas execuções que emanam do príncipe atingem apenas um indivíduo. E, dentre todos os príncipes, é ao novo que se torna impossível fugir à pecha de cruel, visto serem os Estados novos cheios de perigos. Diz Virgílio, pela boca de Dido: *Res dura, et regni novitas me talia cogunt moliri, et late fines custo de tueri* (Nota do tradutor: A dura condição das coisas e o fato de ser recente o meu reinado obrigam-me ao rigor e à fortificação das fronteiras.)

O príncipe, contudo, deve ser lento no crer e no agir, não se alarmar por si mesmo e proceder de forma equilibrada, com prudência e humanidade, buscando evitar que a excessiva confiança o torne incauto e a demasiada desconfiança o faça intolerável.

Nasce daí uma questão: se é melhor ser amado que temido ou o contrário. A resposta é de que seria necessário ser uma coisa e outra; mas, como é difícil reuni-las, em tendo que faltar uma das duas é muito mais seguro ser temido do que amado. Isso porque dos homens pode-se dizer, geralmente, que são ingratos, volúveis, simuladores, tementes do perigo, ambiciosos de ganho; e, enquanto lhes fizeres bem, são todos teus, oferecem-te o próprio sangue, os bens, a vida, os filhos, desde que, como se disse acima, a necessidade esteja longe de ti; quando esta se avizinha, porém, revoltam-se.

E o príncipe que confiou inteiramente em suas palavras, encontrando-se destituído de outros meios de defesa, está perdido: as amizades que se adquirem por dinheiro, e não pela grandeza e nobreza de alma, são compradas, mas com elas não se pode contar e, no momento oportuno, não se torna possível utilizá-las. E os homens têm menos escrúpulo em ofender a alguém que se faça amar do que a quem se faça temer, posto que a amizade é mantida por um vínculo de obrigação que, por serem os homens maus, é quebrado em cada oportunidade que a eles convenha; mas o temor é mantido pelo receio de castigo que jamais se abandona.

Deve o príncipe, não obstante, fazer-se temer de forma que, se não conquistar o amor, fuja ao ódio, mesmo porque podem muito bem coexistir o ser temido e o não ser odiado: isso conseguirá sempre que se abstenha de tomar os bens e as mulheres de seus cidadãos e de seus súditos e, em se necessário for derramar o sangue de alguém, faça-o quando existir conveniente justificativa e causa manifesta. Deve, sobretudo, abster-se dos bens alheios, posto que os homens esquecem mais rapidamente a morte do pai do que a perda do patrimônio.

Além disso, nunca faltam motivos para justificar as expropriações, e aquele que começa a viver de rapinagem sempre encontra razões para apossar-se dos bens alheios, ao passo que as razões para o derramamento de sangue são mais raras e esgotam-se mais depressa.

Mas quando o príncipe está à frente de seus exércitos e tem sob seu comando uma multidão de soldados, então é de todo necessário não se importar com a fama de cruel, eis que, sem ela, jamais se conservará um exército unido e nem disposto ao combate. Dentre as admiráveis ações de Aníbal, menciona-se esta: tendo um exército imenso, constituído de homens de inúmeras raças, conduzido a batalhar em terras alheias, nunca surgiu qualquer dissensão entre eles ou contra o príncipe, tanto na má como na boa fortuna. Isso não pode resultar de outra coisa senão daquela sua desumana crueldade que, aliada às suas inúmeras virtudes, o tornou sempre venerado e terrível no conceito de seus soldados; sem aquela crueldade, as virtudes não lhe teriam bastado para surtir tal efeito e, todavia, escritores nisto pouco ponderados, admiram, de um lado, essa sua atuação e, de outro, condenam a principal causa da mesma.

Para prova de que, realmente, as suas outras virtudes não seriam bastantes, pode-se considerar o caso de Cipião, homem dos mais notáveis não somente nos seus tempos, mas também na memória de todos os fatos conhecidos, cujos exércitos se revoltaram na Espanha em consequência de sua excessiva piedade, pois que havia concedido aos seus soldados mais liberdades do que convinha à disciplina militar. Tal fato foi-lhe censurado no Senado por Fábio Máximo, o qual chamou-o de corruptor da milícia romana. Os locrenses, tendo sido arruinados e abatidos por um legado de Cipião, não foram por ele vingados, nem a insolência daquele legado foi reprimida, resultando tudo isso de sua natureza fácil; tanto assim que, querendo alguém desculpá-lo perante o Senado, disse haver muitos homens que melhor sabiam não errar do que corrigir os erros. Essa sua natureza teria com o tempo sacrificado a fama e a glória de Cipião, tivesse ele perseverado no comando; mas, vivendo sob o governo do Senado, esta sua prejudicial qualidade não só desapareceu, como lhe resultou em glória.

"Deve o príncipe, não obstante, fazer-se temer de forma que, se não conquistar o amor, fuja ao ódio, mesmo porque podem muito bem coexistir o ser temido e o não ser odiado."

Concluo, pois, voltando à questão de ser temido e amado, que um príncipe sábio, amando os homens como a eles agrada e sendo por eles temido como deseja, deve apoiar-se naquilo que é seu e não no que é dos outros; deve apenas empenhar-se em fugir ao ódio, como foi dito.

CAPÍTULO XVIII
DE QUE MODO OS PRÍNCIPES DEVEM MANTER A FÉ DA PALAVRA DADA
(Quomodo fides a principibus sit servanda)

O quão louvável é quando um príncipe mantém a fé (da palavra dada) e vive com integridade, e não com astúcia, todos sabem; contudo, a experiência mostra que são os príncipes que realizaram grandes feitos, dando pouca importância à palavra empenhada, e envolveram com astúcia as mentes dos homens, que superaram aqueles que se alicerçaram na lealdade.

Deveis saber, então, que existem dois modos de combater: um com as leis, o outro com a força. O primeiro é próprio do homem, o segundo, dos animais; mas, como o primeiro modo muitas vezes não é suficiente, convém recorrer ao segundo. Portanto, a um príncipe torna-se necessário saber bem empregar o animal e o homem. Esta matéria, aliás, foi ensinada aos príncipes, veladamente, pelos antigos escritores, os quais descrevem como Aquiles e muitos príncipes da Antiguidade foram deixados aos cuidados do centauro Quíron. Isso não quer dizer outra coisa, o ter por mestre um ser meio animal e meio homem, senão que um príncipe precisa saber usar uma e outra dessas naturezas: se a primeira não basta, convém recorrer à segunda.

Sendo necessário a um príncipe saber bem empregar o animal, deve deste tomar como modelos a raposa e o leão, porque o leão não se defende dos laços e a raposa não tem defesa contra os lobos. Portanto, precisa ser raposa para conhecer os laços e leão para aterrorizar os lobos. Aqueles que agem apenas como o leão não conhecem a sua arte. Logo, um senhor prudente não pode nem deve manter sua palavra, quando isso seja prejudicial aos seus interesses e quando desaparecerem as causas que o levaram a empenhá-la.

Se todos os homens fossem bons, este preceito seria mau. Mas porque são maus e não mantêm a palavra dada ao príncipe, não há razão para que a cumpras para com eles. Jamais faltaram a um príncipe razões legítimas para justificar a sua quebra da palavra. Disto poder-se-ia dar inúmeros exemplos modernos, mostrar quantas pazes e quantas promessas foram frustradas e vãs pela infidelidade dos príncipes; e aquele que, com mais perfeição, soube agir como a raposa, saiu-se melhor. Mas é necessário saber bem disfarçar esta qualidade e ser grande simulador e dissimulador: tão simples são os homens e de tal forma cedem às necessidades presentes, que aquele que engana sempre encontrará quem se deixe enganar.

Eu não quero deixar de apontar um dos exemplos recentes. Alexandre VI não fez outra coisa senão enganar os homens, e só nisso pensava. Sempre encontrou ocasião para enganar. Nunca existiu um homem que tivesse maior segurança em asseverar, e que com maiores juramentos afirmasse uma coisa que depois não cumprisse. Não obstante, os enganos sempre lhe sucederam segundo vontade própria, porque conhecia bem esse aspecto do mundo.

A um príncipe, portanto, não é essencial possuir todas as qualidades mencionadas, mas é necessário aparentar possuí-las. Ou melhor, ousarei dizer que, possuindo-as e usando-as sempre, elas são danosas, enquanto que, aparentando possuí-las, são úteis. Por exemplo: parecer piedoso, fiel, humano, íntegro, religioso, e sê-lo realmente. Mas estar com o espírito preparado e disposto de modo que, precisando não o ser, possas e saibas tornar-se o contrário. Deve-se compreender que um príncipe, e em particular um príncipe novo, não pode praticar todas aquelas coisas pelas quais os homens são considerados bons, uma vez que, frequentemente, é obrigado, para manter o Estado, a agir contra a fé, contra a caridade, contra a humanidade, contra a religião. Porém, é preciso que ele tenha um espírito disposto a voltar-se segundo os ventos da sorte e as variações dos fatos lhe ordenarem e, como se disse, não se apartar do bem, podendo, mas saber entrar no mal, se necessário.

Um príncipe, portanto, deve ter muito cuidado em não deixar escapar de sua boca nada que não seja repleto das cinco qualidades citadas, para parecer, ao vê-lo e ouvi-lo, todo piedade, todo fé, todo integridade, todo humanidade, todo religião. E nada existe mais necessário de ser aparentado do que esta última qualidade. É que os homens em geral julgam mais pelos olhos do que pelas mãos, porque a todos cabe ver, mas poucos são capazes de sentir. Todos veem o que tu aparentas, poucos sentem aquilo que tu és; e esses poucos não se atrevem a contrariar a opinião dos muitos que, aliás, estão protegidos pela majestade do Estado. Nas ações de todos os homens, em especial dos príncipes, onde não existe tribunal a que recorrer, o que importa é o sucesso das mesmas. Então que o príncipe faça por vencer e manter o Estado. Os meios serão sempre julgados honrosos e por todos louvados, porque o povo sempre se deixa levar pelas aparências e pelos resultados, e no mundo não existe senão o povo. Os poucos não podem existir quando os muitos têm onde se apoiar. Algum príncipe dos tempos atuais, que não convém nomear, não prega senão a paz e a fé, mas de uma e outra é ferrenho inimigo; uma e outra, se ele as tivesse praticado, ter-lhe-iam por mais de uma vez tolhido a reputação ou o Estado.

CAPÍTULO XIX
Como evitar ser desprezado e odiado
(De contemptu et odio fugiendo)

Como já falei das qualidades mais importantes mencionadas, desejo discorrer rapidamente sobre as outras, sob estas generalidades: que o príncipe pense, como disse em parte, em fugir àquelas circunstâncias que possam torná-lo odioso e desprezível; sempre que assim proceder, terá cumprido o que lhe compete e não encontrará perigo algum nos outros defeitos.

Odioso o tornará, acima de tudo, como já disse, o ser ganancioso e usurpador dos bens e das mulheres dos súditos, do que se deve abster; e, desde que não se tirem nem os bens nem a honra à universalidade dos homens, estes viverão felizes e somente se terá de combater a ambição de poucos, o que se refreia por muitos modos e com facilidade.

O que o faz desprezível é ser considerado volúvel, leviano, frágil, pusilânime, irresoluto, coisas que um príncipe deve afastar-se como de um escolho, empenhando-se para que nas suas ações se reconheça grandeza, coragem, gravidade e fortaleza; com relação às ações privadas dos súditos, deve querer que a sua sentença seja irrevogável; deve manter-se em tal conceito que ninguém possa pensar em enganá-lo ou traí-lo.

O príncipe que dá de si tal impressão alcança boa reputação e, contra quem é reputado, só com muita dificuldade se conspira. Dificilmente é atacado, desde que se considere excelente e seja reverenciado pelos seus.

Na verdade, um príncipe deve ter dois temores: um de ordem interna, de parte de seus súditos, o outro de natureza externa, de parte dos potentados estrangeiros. Destes se defende com boas armas e bons amigos; e sempre que tenha boas armas terá bons amigos. A situação interna, desde que ainda não perturbada por uma conspiração, estará segura sempre que esteja estabilizada a externa; mesmo quando esta se agite, se o príncipe se organizou e viveu como eu já disse, desde que não desanime, resistirá a qualquer impacto, como salientei ter feito o espartano Nábis.

Mas, sobre os súditos, quando os negócios externos não se agitam, deve-se temer que conspirem secretamente. Contra isso o príncipe se assegura firmemente fugindo de ser odiado ou desprezado e mantendo o povo satisfeito com ele. E isto é necessário se alcançar, como já foi discutido longamente.

Um dos mais poderosos remédios de que um príncipe pode dispor contra as conspirações é não ser odiado pela maioria, porque sempre quem conspira pensa que com a morte do príncipe satisfará o povo. Porém quando considera que com isso irá ofendê-lo, não se anima a tomar semelhante partido, mesmo porque as dificuldades com que os conspiradores têm de se defrontar são inúmeras. Por experiência vê-se que muitas foram as conspirações, mas poucas tiveram sucesso, pois quem conspira não pode ser sozinho, nem pode ter por companheiros senão aqueles que acredite estarem descontentes. Mas, logo que tenhas revelado a um descontente a tua intenção, lhe dás motivo para ficar contente porque, evidentemente, ele pode esperar todas as vantagens; de forma que, vendo o ganho certo de um lado, sendo o outro dúbio e cheio de perigo, é preciso que seja ou teu amigo extraordinário ou implacável inimigo do príncipe para manter a palavra empenhada.

Para reduzir o assunto a termos breves, digo que do lado do conspirador não existe senão medo, ciúme, e suspeita de castigo que o atordoa. Mas, do lado do príncipe, existe a majestade do principado, as leis, as barreiras dos amigos e do Estado que o defendem; consequentemente, somada a tais fatores a benevolência popular, é impossível existir alguém tão temerário que venha a conspirar contra o príncipe. Isso porque, geralmente, um conspirador teme os perigos que antecedem uma execução e os que virão a seguir, e se tiver o povo por inimigo, deve temer ainda mesmo depois de ocorrido o fato, não podendo por isso esperar qualquer amparo.

Deste assunto poder-se-ia citar inúmeros exemplos; porém, limito-me a apenas um, conservado pela recordação de nossos pais. Tendo sido monsenhor Aníbal Bentivoglio príncipe em Bolonha e avô do atual monsenhor Aníbal, morto pelos Canneschi que contra ele haviam conspirado, não restando de sua família senão monsenhor Giovanni que era ainda criança de colo, logo após esse homicídio, o povo levantou-se e matou todos os Canneschi.

Isso resultou do prestígio popular que a casa de Bentivoglio desfrutava naqueles tempos. Esse prestígio era tão grande que, não restando em Bolonha qualquer membro dessa família em condições de poder governar o Estado após a morte de Aníbal e constando haver em Florença um descendente dos Bentivoglio que se julgava até então filho de um artífice, os bolonheses foram até essa cidade e lhe confiaram o governo daquela comunidade, a qual foi por ele dirigida até que monsenhor Giovanni atingisse a idade conveniente para governar.

Concluo, portanto, que um príncipe deve dar pouca importância às conspirações se o povo o prestigia. Porém quando este lhe é adverso e o odeia, deve temer tudo e a todos. Os Estados bem organizados e os príncipes hábeis têm com toda a diligência procurado não desesperar os grandes e satisfazer o povo conservando-o contente, mesmo porque este é um dos mais importantes assuntos de que um príncipe tenha de tratar.

Entre os reinos bem organizados e governados nos nossos tempos está o da França. Nele existem inúmeras boas instituições, das quais dependem a liberdade e a segurança do rei. A primeira delas é o Parlamento com a sua autoridade. Aquele que organizou esse reino, conhecendo a ambição dos poderosos e a sua insolência, julgando ser necessário pôr um freio para corrigi-los e, de outra parte, por conhecer o ódio da maioria contra os grandes com base no medo, desejando protegê-la, não quis que toda a responsabilidade recaísse sobre o rei, eximindo-o do incômodo de contrariar os poderosos ao favorecer o povo e de irritar o povo ao beneficiar os poderosos. Por isso, constituiu um terceiro juiz que fosse aquele que, sem responsabilidade do rei, contivesse os grandes e amparasse os pequenos. Essa ordem não podia ser melhor nem mais prudente, nem se pode negar que seja a maior razão da segurança do rei e do reino. Daí pode-se extrair outra conclusão digna de nota: os príncipes devem atribuir a outrem as coisas odiosas, reservando para si aquelas o agraciem. Novamente concluo que um príncipe deve estimar os grandes, mas não se fazer odiado pelo povo.

Considerando a vida e a morte de alguns imperadores romanos, talvez haja exemplos contrários à minha opinião, dado que viveram exemplarmente e demonstraram grandes virtudes e, sem embargo disso, perderam o Império ou mesmo foram mortos pelos seus que contra eles conspiraram. Portanto, para responder a estas objeções, falarei das qualidades de alguns imperadores, mostrando as causas de sua ruína, não discrepantes daquilo que foi por mim aduzido, ao mesmo tempo, porei em consideração aqueles fatos que são notáveis para quem lê as ações daqueles tempos. Considero suficiente citar todos os imperadores que se sucederam no poder, desde Marco, o filósofo, até Maximino, os quais foram Marco, seu filho Cômodo, Pertinax, Juliano, Severo, seu filho Antonino Caracala, Macrino, Heliogábalo, Alexandre e Maximino.

Deve-se notar inicialmente que, enquanto nos outros principados basta lutar apenas contra a ambição dos grandes e a insolência do povo, os imperadores romanos encontravam uma terceira dificuldade, aquela de terem de suportar a crueldade e a ambição dos soldados. Esta terceira dificuldade era de tal forma séria que se tornou a causa da ruína de muitos, pois é difícil satisfazer ao mesmo tempo os soldados e o povo: este amava a paz e, por isso, estimava os príncipes moderados, enquanto que os soldados amavam o príncipe de ânimo militar, que fosse insolente, cruel e larápio, querendo que o mesmo exercesse tais violências contra as populações para que eles pudessem duplicar o soldo e desafogar sua cobiça e crueldade contra o povo.

Tais fatos fizeram com que aqueles imperadores, que por natureza ou por engenho, não desfrutavam de uma grande reputação de forma a poder manter freados um e outros, sempre se arruinassem. A maioria desses imperadores, principalmente aqueles que, como homens novos, chegavam ao principado, conhecendo a dificuldade que resultava desses dois sentimentos diversos, tendiam a satisfazer aos soldados, pouco se preocupando com o fato de por tal forma ofender o povo. Esse partido era necessário: porque, não podendo o príncipe deixar de ser odiado por alguém, deve primeiro buscar não ser odiado por qualquer classe social. Porém, quando não pode conseguir isto, deve empenhar-se em, por todos os meios, evitar o ódio daquelas classes que são mais poderosas. Por isso, aqueles imperadores, que por serem novos tinham necessidade de favores extraordinários, aderiam antes aos soldados que ao povo, o que, não obstante, se lhes tornava útil ou não, conforme soubessem ou não conservar-se reputados entre eles.

Das razões mencionadas, resultou que Marco Aurélio, Pertinax e Alexandre, todos eles de vida modesta, amantes da justiça, inimigos da crueldade, humanos e benignos, tiveram todos um triste fim.

Somente Marco viveu e morreu honradíssimo, visto ter sucedido no império por direito hereditário, não tendo de agradecer nem aos soldados nem ao povo; depois, sendo dotado de muitas virtudes que o faziam venerado, teve sempre, enquanto viveu, uma ordem e outra dentro de seus limites, não sendo jamais odiado ou desprezado.

Mas Pertinax, tornado imperador contra a vontade dos soldados que, acostumados a viver licenciosamente sob o império de Cômodo, não puderam suportar aquela vida honesta que o imperador queria oferecer. Por isso, tendo Pertinax criado ódio contra si e a este ódio acrescido o desprezo por ser já velho, arruinou-se logo no início de sua administração.

Deve-se notar aqui que o ódio se adquire tanto pelas boas como pelas más ações: como já disse anteriormente, querendo um príncipe conservar o Estado, frequentemente é forçado a não ser bom, pois quando aquele elemento mais forte, seja o povo, os soldados ou os grandes, de que julgas necessitar para manter-te, é corrompido, convém que sigas o seu desejo para satisfazê-lo, a fim de não tê-lo contra si; então, as boas obras tornam-se tuas inimigas.

Mas passemos a Alexandre, o qual foi de tanta bondade que, entre outros louvores, lhe são endereçados, existe este de que, em quatorze anos que conservou o poder, não foi executada qualquer pessoa sem julgamento; contudo, sendo considerado frágil e homem que se deixava governar pela mãe, tornou-se desprezado, o exército conspirou e ele foi morto.

Falando agora, por outro lado, das qualidades de Cômodo, Severo, Antonino Caracala e Maximino, veremos que todos eram extremamente cruéis e gananciosos. Para satisfazer os soldados, não pouparam nenhuma espécie de injúria que pudesse ser cometida contra o povo; todos, exceto Severo, tiveram triste fim. É que Severo possuía tanto valor que, conservando os soldados como seus amigos, ainda que o povo fosse por ele oprimido, pôde sempre reinar com felicidade, pois aquelas suas virtudes o tornavam tão admirável no conceito dos soldados e do povo, que este ficava, por assim dizer, atônito e aturdido e aqueles reverentes e satisfeitos. E, porque as ações do mesmo foram grandes e notáveis num príncipe novo, desejo mostrar de forma breve quão bem soube usar a ação da raposa e do leão, naturezas essas que, disse antes, devem ser imitadas pelos príncipes.

Tendo Severo conhecido a apatia do imperador Juliano, persuadiu seu exército, do qual era capitão na Stiavônia, de que era conveniente ir a Roma para vingar a morte de Pertinax, assassinado pelos soldados pretorianos; sob este pretexto, sem demonstrar aspirar o Império, conduziu o exército contra Roma, chegando à Itália antes que fosse conhecida sua partida. Estando em Roma, o Senado, por temor, elegeu-o imperador, sendo morto Juliano. A seguir, restavam a Severo duas dificuldades para se assenhorear de todo o Estado: uma na Ásia, onde Pescênio Nigro, chefe dos exércitos asiáticos, se fizera aclamar imperador; a outra no Poente, onde estava Albino que, por sua vez, também aspirava ao Império. Porque julgasse perigoso revelar-se inimigo de ambos, deliberou atacar Nigro e enganar Albino a quem escreveu que, tendo sido pelo Senado eleito imperador, desejava com ele compartilhar aquela dignidade; enviou-lhe o título de César e, por deliberação do Senado, tornou-o seu colega. Albino aceitou tais coisas como verdadeiras; mas, depois que venceu e matou Nigro, pacificados os negócios orientais e retornado a Roma, Severo queixou-se ao Senado de que Albino, pouco reconhecido dos benefícios dele recebidos, tinha dolosamente tentado matá-lo, razão pela qual via necessidade de ir punir sua ingratidão. Depois, foi ao seu encontro na França e lhe tolheu o governo e a vida.

Aquele que examinar, portanto, minuciosamente as ações deste homem, perceberá que ele foi um ferocíssimo leão e uma astuciosíssima raposa, temido e reverenciado por todos e não odiado pelos exércitos, não se admirando que ele, homem novo, tenha podido deter tanto poder; a sua alta reputação o defendeu sempre daquele ódio que, pelas suas rapinagens, o povo contra ele poderia ter concebido.

Acontece que Antonino, seu filho, foi um homem que possuía excelentes qualidades que o faziam maravilhoso no conceito do povo e querido pelos soldados; era um militar que suportava muito bem quaisquer fadigas, desprezava os alimentos delicados e abominava toda e qualquer frouxidão, o que o tornava amado por todos os exércitos. Contudo, sua ferocidade e crueldade foi tanta e tão inaudita, tendo mesmo, depois de inúmeros assassínios privados, eliminado grande parte da população de Roma e toda aquela de Alexandria, que se tornou extremamente odioso para todo o mundo: começou a ser temido também por aqueles que o rodeavam, de forma que foi morto por um centurião em meio ao seu exército.

A propósito do referido, é de notar-se que tais assassinatos, decorrentes da deliberação de um espírito obstinado, são impossíveis de evitar por parte dos príncipes, porque todo aquele que não tema morrer pode golpeá-los. Todavia, o príncipe pouco deve temer, porque tais mortes são raras. Deve apenas cuidar de não fazer grave injúria a algum daqueles de que se serve e que tem ao seu derredor no serviço do principado, como fez Antonino que havia assassinado vilmente um irmão daquele centurião e ainda ameaçava este diariamente, enquanto o conservava na sua própria guarda; era resolução temerária e capaz de destruí-lo, como aconteceu.

Passemos a Cômodo, para quem era de grande facilidade manter o Império por possuí-lo por herança, uma vez que era filho de Marco. Bastava-lhe seguir as pegadas do pai e teria satisfeito os soldados e o povo. Mas, sendo de espírito cruel e bestial, para poder usar sua vigarice contra o povo, passou a cativar os exércitos e torná-los licenciosos; por outro lado, não mantendo a sua dignidade, descendo frequentemente às arenas para combater com os gladiadores, fazendo outras coisas extremamente vis e pouco dignas da majestade imperial, tornou-se desprezível no conceito dos soldados. E, sendo odiado por uns e desprezado por outros, conspiraram contra ele e foi morto.

Resta-nos narrar as qualidades de Maximino. Este foi homem belicosíssimo e, estando os exércitos enfastiados da moleza de Alexandre, de quem falei anteriormente, morto este, elegeram-no para o governo. Maximino não ficou no poder por muito tempo, pois duas coisas tornaram-no odiado e desprezado: uma, o fato de ser de origem extremamente humilde, pois pastoreara ovelhas na Trácia (fato por todos bastante conhecido e que lhe causava grande depreciação no conceito geral); a outra, porque, tendo no início de seu principado retardado em ir a Roma e tomar posse do trono imperial, dera de si impressão de extremamente cruel, eis que, por intermédio de seus prefeitos, em Roma e em muitos pontos do Império, praticara numerosas crueldades. De modo que, agitado todo o mundo pelo desprezo à vileza de seu sangue e tomado de ódio pelo medo à sua ferocidade, a África rebelou-se primeiro, depois o Senado com todo o povo de Roma. Foi quando toda a Itália conspirou contra ele. A esse movimento juntou-se seu próprio exército que, fazendo campanha em Aquileia e encontrando dificuldade no assédio, aborrecido de sua crueldade, temendo menos por vê-lo com tantos inimigos, matou-o.

Não quero falar nem de Heliogábalo, nem de Macrino, nem de Juliano, os quais, por serem inteiramente desprezíveis, se extinguiram logo. Passarei, pois, à conclusão deste assunto. Assim, digo que os príncipes de nossos tempos têm muito menos dificuldade em satisfazer demasiadamente os soldados, eis que, não obstante se deva ter para com os mesmos alguma consideração, isso se resolve logo, pois nenhum destes príncipes tem um exército que seja veterano nos governos e administrações das províncias, como eram os exércitos do Império Romano. Porém, se então era necessário mais aos soldados do que ao povo, isso decorria de que os soldados podiam mais que aquele; agora é necessário a todos os príncipes, exceto ao grão-turco e ao sultão, satisfazer mais ao povo que aos militares, porque aquele pode mais que estes.

Faço exceção do grão-turco em razão de ter ele sempre, em torno de si, doze mil infantes e quinze mil soldados de cavalaria, dos quais dependem a segurança e o poderio do seu reino. E é necessário que, postergada qualquer outra consideração, esse senhor os conserve amigos. E deveis notar que este Estado do sultão é diverso de todos os outros principados: ele é semelhante ao pontificado cristão, a que não se pode chamar nem principado hereditário nem principado novo, posto que não são filhos do príncipe velho que herdam e se tornam senhores, mas sim aquele eleito para o posto pelos que têm autoridade. E, sendo esta uma instituição antiga, não se pode chamar de principado novo, dado que nela não existem algumas das dificuldades que se encontram nos novos: se o príncipe for novo, as instituições desse Estado são velhas e ordenadas a recebê-lo como se fosse seu senhor hereditário.

Retornemos, porém, ao nosso assunto. Digo que todo aquele que considere o acima exposto verá o ódio ou o desprezo ter sido a causa da ruína dos imperadores citados e saberá, ainda, por que procedendo uma parte deles de um modo e a outra parte por forma contrária, em qualquer um desses modos de agir alguns deles tiveram fim feliz, enquanto os outros terminaram infelizes.

A Pertinax e Alexandre, por serem príncipes novos, foi inútil e prejudicial querer imitar Marco que se encontrava no principado de origem hereditária. Igualmente, a Caracala, Cômodo e Maximino foi pernicioso imitar Severo,

> *"Os príncipes devem atribuir a outrem as coisas odiosas, reservando para si aquelas de graça."*

por não possuírem tanta virtude que fosse bastante para que pudessem seguir suas pegadas.

Portanto, um príncipe novo, num principado novo, não pode imitar as ações de Marco e tampouco é necessário seguir as de Severo; deve tomar de Severo aquelas qualidades que forem necessárias para fundar seu Estado, e de Marco aquelas que forem convenientes e gloriosas para conservar um governo já estabelecido e firme.

CAPÍTULO XX
SE AS FORTALEZAS E MUITAS OUTRAS COISAS FEITAS PELOS PRÍNCIPES SÃO ÚTEIS OU NÃO
(An arces et multa alia quae cotidie a principibus fiunt utilia an inutilia sint)

A fim de manter seguramente o Estado, alguns príncipes desarmaram os seus súditos, outros mantiveram divididas as terras submetidas, alguns nutriram inimizades contra si mesmos, outros dedicaram-se a conquistar o apoio daqueles que lhes eram suspeitos no início de seu governo, alguns construíram fortalezas, outros as arruinaram e destruíram. E, se bem que não seja possível estabelecer determinado juízo sobre todas essas coisas sem entrar nas particularidades de cada um dos Estados onde devesse ser tomada alguma dessas deliberações, falarei de maneira genérica, compatível com o assunto.

Nunca existiu um príncipe novo que desarmasse os seus súditos, mas, antes, sempre que os encontrou desarmados, armou-os; isto porque, armando-os, essas armas passam a ser tuas, tornam fiéis aqueles que te são suspeitos, os que eram fiéis assim se conservam e de súditos tornam-se teus partidários. E, porque não se pode armar todos os súditos, beneficiados aqueles que armas, com os outros podes tratar mais seguramente; essa diversidade de tratamento que reconhecem em seu favor os torna obrigados para contigo e os outros desculpar-te-ão, julgando ser necessário que aqueles tenham mais recompensas por estarem sujeitos a maiores perigos e maiores obrigações. Mas quando os desarmas, começas a ofendê-los, mostras deles duvidar, ou por vileza ou por desconfiança uma ou outra destas opiniões concebe ódio contra ti. E, por não poderes ficar desarmado, torna-se necessário que te voltes à milícia mercenária, que é uma qualidade que já foi dita e, quando fosse boa, não poderia sê-lo por forma a defender-te dos inimigos poderosos e dos súditos suspeitos.

Entretanto, um príncipe novo num principado também novo, sempre organizou as forças armadas, e destes exemplos a história está repleta. Mas, quando um príncipe conquista um novo Estado que, como membro, se agrega ao antigo, então é necessário desarmar o conquistado, salvo aqueles que nele foram teus partidários na conquista; estes mesmos, com o tempo e a oportunidade, será preciso torná-los dóceis e mansos, procedendo-se de modo que as armas fiquem somente em poder de teus próprios soldados, daqueles que, no Estado antigo, estavam junto de ti.

Os nossos antepassados e aqueles que eram considerados sábios costumavam dizer que Pistoia precisava ser mantida pela divisão do povo e Pisa pelas fortalezas; e, por isso mesmo, em algumas regiões por eles conquistadas, mantinham as discórdias entre os partidos para dominá-las mais facilmente. Isto, naqueles tempos em que a Itália apresentava certo equilíbrio, devia ser útil. Mas não creio que se possa admitir tal como preceito atual, eis que não acredito que pudessem as divisões, alguma vez, acarretar qualquer benefício; ao contrário, quando o inimigo se aproxima, as cidades divididas, necessariamente, perdem-se logo, eis que sempre a parte mais fraca aderirá às forças externas e a outra não poderá resistir.

Os venezianos, levados pelas razões já mencionadas, segundo acredito, incentivavam as facções guelfas e gibelinas nas cidades a eles submetidas; e, embora nunca as deixassem chegar à luta, alimentavam entre elas essas divergências para que, ocupados os cidadãos naquelas suas diferenças, não se unissem contra eles. Isso, como se viu, não lhes trouxe nenhum proveito porque, derrotados em Vailá, logo algumas daquelas cidades passaram a se insurgir e lhes tomaram todo o Estado.

Tais atitudes revelam fraqueza do príncipe, eis que em um principado poderoso jamais serão permitidas semelhantes divisões, úteis somente em tempo de paz, eis que por elas pode-se mais facilmente manejar os súditos; mas, sobrevindo a guerra, tal sistema demonstra sua falácia.

Sem dúvida alguma, os príncipes se tornam grandes quando superam as dificuldades e as oposições que lhes são antepostas; porém a fortuna, principalmente quando quer tornar grande um príncipe novo, que tem mais necessidade de adquirir reputação do que um hereditário, o faz nascer dos inimigos e determina que sejam enfrentados, a fim de que ele tenha oportunidade de superá-los e, assim, possa subir mais alto pela escada que os inimigos lhe oferecem. Por isso, muitos pensam que um príncipe hábil deve, quando tenha ocasião, incentivar com astúcia alguma inimizade para, eliminada esta, continuar a ascensão de sua grandeza.

Os príncipes, particularmente aqueles que são novos, têm encontrado mais lealdade e maior utilidade nos homens que no início de seu governo foram considerados suspeitos, do que nos que inicialmente eram seus confidentes. Pandolfo Petrucci, príncipe de Siena, dirigia o seu Estado mais com aqueles que lhe foram suspeitos do que com os que não o foram.

Não é possível falar do assunto em caráter genérico, pois o mesmo varia segundo cada caso. Somente direi isto: os homens que no início de um principado haviam sido inimigos, sendo de condição que para manter-se precisam de apoio, o príncipe poderá sempre com grande facilidade vir a conquistá-los; e eles tanto mais são forçados a servi-lo com lealdade, quanto reconheçam ser-lhes necessário cancelar com obras aquela má opinião que, a seu respeito, se fazia. Assim, o príncipe deles obtém sempre maior utilidade do que daqueles que, servindo-o com excessiva segurança, descuram de seus interesses.

Uma vez que o assunto torna oportuno, não quero deixar de recordar aos príncipes que tomaram um Estado novo pelo favor de alguns dos habitantes do mesmo Estado, que devem considerar bem qual a razão que determinou que assim agissem os que o favoreceram; se a mesma não é afeição natural em relação a eles, mas sim se o apoio decorreu do fato dos mesmos não estarem satisfeitos com o Estado anterior, só com fadiga e grande dificuldade o príncipe poderá conservá-los amigos, dado que é quase impossível que possam vir a ser contentados.

Considerando bem os exemplos que se extraem das coisas antigas e modernas, em razão disso, ver-se-á ser muito mais fácil ao príncipe tornar amigos aqueles homens que se contentavam com o regime antigo e, portanto, eram seus inimigos, que aqueles que, por descontentes, fizeram-se seus amigos e o favoreceram na conquista.

Tem sido costume dos príncipes, para poder manter seu Estado mais seguramente, edificar fortalezas que sirvam de rédea e freio aos que desejassem enfrentá-los, bem como um refúgio seguro contra um ataque surpresa. Eu louvo esse proceder, porque é usado desde tempos remotos; não obstante monsenhor Nicoló Vitelli, nos tempos atuais, destruiu duas fortalezas na Cidade de Castelo para, assim, conservar o Estado. Guido Ubaldo, duque de Urbino, tendo retornado ao seu domínio de que havia sido expulso por César Bórgia, destruiu desde os alicerces todas as fortalezas daquela província, por entender que sem aquelas seria mais difícil perder novamente seu Estado. Os Bentivoglio, retornados a Bolonha, usaram igual expediente. Portanto, as fortalezas são úteis ou não, segundo os tempos; se te fazem bem por um lado, prejudicam-te por outro. Pode-se explicar esta afirmativa pela forma a seguir exposta.

O príncipe que tiver mais temor de seu povo do que dos estrangeiros, deve construir as fortalezas; mas aquele que sentir mais medo dos estrangeiros que de seu povo, deve abandoná-las. O castelo de Milão, edificado por Francisco Sforza, fez e fará mais guerra à casa dos Sforza do que qualquer outra desordem naquele Estado.

Por isso, a melhor fortaleza que possa existir é o não ser odiado pelo povo: mesmo que tenha fortificações, elas de nada valem se o povo te odeia, e uma vez que o povo toma as armas, nunca faltam estrangeiros para apoiá-lo.

Nos nossos tempos, vê-se que as fortalezas não têm sido proveitosas a príncipe algum, senão à Condessa de Forli. Quando da morte do Conde Girolamo, seu esposo, eis que a mesma, refugiando-se numa fortificação, pôde fugir ao ímpeto popular, esperar pelo socorro de Milão e recuperar o Estado; ademais, as circunstâncias eram tais que o estrangeiro não podia socorrer o povo.

Depois, também para ela pouco valeram as fortalezas quando César Bórgia a atacou; e o povo, seu inimigo, aliou-se ao estrangeiro. Portanto, teria sido mais seguro para ela não ser odiada pelo povo do que possuir fortalezas. Consideradas assim todas estas questões, louvarei tanto os que fizerem como os que não fizerem as fortalezas e censurarei aquele que, fiando-se nas fortificações, venha a subestimar o fato de ser odiado pelo povo.

CAPÍTULO XXI
O QUE CONVÉM A UM PRÍNCIPE PARA SER ESTIMADO
(Quod principem deceat ut egregius habeatur)

Nada faz estimar tanto um príncipe como os grandes empreendimentos e o dar de si ilustres exemplos. Em nossos tempos, podemos citar Fernando de Aragão, atual rei de Espanha. A este pode-se chamar príncipe novo, porque de um rei fraco tornou-se, por fama e por glória, o primeiro rei dos cristãos; e se considerardes suas ações, as achareis todas grandiosas e algumas mesmo extraordinárias.

No começo de seu reinado ocupou Granada e esse empreendimento foi o fundamento de seu Estado. Primeiro ele o fez isoladamente, sem luta com outros Estados e sem receio de ser impedido de tal; manteve ocupadas nesse empreendimento as atenções dos barões de Castela que, pensando na guerra, não cogitavam de inovações; e ele, por esse meio, adquiria reputação e autoridade sobre os mesmos sem que de tal se apercebessem. Pôde manter exércitos com dinheiro da Igreja e do povo e, com tão longa campanha, estabeleceu a organização de sua milícia que, depois, tanto o honrou.

Além disto, para poder estabelecer maiores empreendimentos, servindo-se sempre da religião, Aragão dedicou-se a uma piedosa crueldade expulsando e livrando seu reino dos marranos, ação de que não pode haver exemplo mais miserável nem mais notável. Sob essa mesma capa, atacou a África, fez a campanha da Itália e conquistou a França; assim, sempre fez e urdiu grandes empreendimentos, os quais em todo o tempo mantiveram suspensos e admirados os ânimos dos súditos, ocupados em esperar o êxito dessas guerras. Essas suas ações nasceram umas das outras, pelo que, entre elas, não houve tempo para que os homens pudessem agir contra ele.

Muito apraz a um príncipe dar de si exemplos memoráveis na forma de comportar-se com os súditos, semelhantes àqueles que são narrados por monsenhor Barnabo de Milão, quando surge a oportunidade de alguém ter realizado alguma coisa extraordinária de bem ou de mal na vida civil, obtendo meio de premiá-lo ou puni-lo por forma que seja bastante comentada, acima de tudo, um príncipe deve empenhar-se em dar de si, em cada ação, conceito de grande homem e de inteligência extraordinária.

Um príncipe é estimado, ainda, quando verdadeiro amigo ou inimigo, isto é, quando sem qualquer consideração se revela em favor de um, contra outro. Esta atitude é sempre mais útil do que ficar neutro, eis que, se dois poderosos vizinhos teus entrarem em luta, você tenha de temer o vencedor, ou ocorre o contrário.

Em qualquer um destes dois casos será sempre mais útil definir-te e fazer guerra digna, porque no primeiro caso, se não te definires estará sempre na mira do que vencer, com prazer e satisfação do que foi vencido, e não terás razão ou coisa alguma que te defenda nem quem te receba. O vencedor não quer amigos suspeitos ou que não o ajudem nas adversidades; quem perde, não te recebe por não teres querido correr a sua sorte de armas em punho.

Antíoco invadiu a Grécia a chamado dos etólios para expulsar os romanos. Enviou embaixadores aos aqueus, amigos dos romanos, para concitá-los a ficarem neutros, enquanto os romanos os persuadiam a tomar armas ao seu lado. Esta matéria veio à deliberação do congresso dos aqueus, onde o legado de Antíoco os induzia à neutralidade; a isto, o representante romano respondeu: *Quod autem isti dicunt non interponendi vos bello, nihil magis alienum rebus vestris est; sine gratia, sine dignitate, praemium victoris eritis.* (Nota do tradutor: Quanto a opinião de que não deveis intrometer na guerra, é a decisão mais desfavorável que poderíeis tomar: privados de crédito e de dignidade, sereis prêmio para o vencedor.)

Sempre acontecerá que aquele que não é amigo procurará tua neutralidade e aquele que é amigo pedirá que te definas com as armas. Os príncipes irresolutos, para fugir aos perigos presentes, seguem na maioria das vezes o caminho da neutralidade e, geralmente, caem em ruína. Mas, quando o príncipe se define galhardamente em favor de uma das partes, se aquele a quem aderes vence, mesmo que seja tão poderoso que venhas a ficar oculto, ele tem obrigação para contigo e está ligado a ti pela amizade; e os homens nunca são tão desonestos que, com tamanha prova de ingratidão, possas vir a ser oprimido.

Além disso, as vitórias nunca são tão brilhantes que o vencedor não deva ter qualquer consideração, principalmente para com o que é justo. Mas, se aquele a quem apoia perder, serás amparado por ele e, enquanto puder, ajudar-te-á e ficarás associado a uma fortuna que poderá ressurgir. No segundo caso, quando aqueles que lutam são de classe que não devas temer o vencedor, ainda maior prudência é aderir, pois causas a ruína de um com a ajuda de quem deveria salvá-lo, se fosse sábio; vencendo, fica à tua mercê, e é impossível que não vença com o teu auxílio.

Um príncipe deve ter a cautela de jamais fazer aliança com um mais poderoso que ele para atacar os outros, senão, quando a necessidade o compelir, como já disse, porque, vencendo, torna-se seu prisioneiro; e os príncipes devem fugir o quanto possam de ficar à discrição dos outros.

Os venezianos aliaram-se à França contra o duque de Milão, podendo ter evitado essa aliança de que resultou a sua ruína. Mas, quando não se pode evitá-la (como aconteceu aos florentinos quando o papa e a Espanha levaram seus exércitos a atacar a Lombardia), então deverá o príncipe aderir pelas razões expostas anteriormente. Nem julgue algum Estado poder adotar sempre partidos seguros, devendo antes pensar ser obrigado a tomar, frequentemente, partidos duvidosos; vê-se na ordem das coisas que nunca se procura fugir a um inconveniente sem incorrer em outro e a prudência consiste em saber conhecer a natureza desses inconvenientes e tomar como bom o menos prejudicial.

Deve, ainda, um príncipe mostrar-se amante das virtudes, dando oportunidade aos homens virtuosos e honrando os melhores numa arte. Ao mesmo tempo, deve animar os seus cidadãos a exercer pacificamente as suas atividades no comércio, na agricultura e em qualquer outra ocupação, de forma que o agricultor não tema ornar as suas propriedades por receio de que as mesmas lhe sejam tomadas, enquanto o comerciante não deixe de exercer o seu comércio por medo das taxas; deve, além disso, instituir prêmios para os que quiserem realizar tais coisas e os que pensarem em por qualquer forma engrandecer a sua cidade ou o seu Estado. Ademais, deve, nas épocas convenientes do ano, distrair o povo com festas e espetáculos.

Uma vez que toda cidade está dividida em corporações de artes ou grupos sociais, deve cuidar dessas corporações e desses grupos, reunir-se com eles algumas vezes, dar de si prova de humanidade e munificência, mantendo sempre firme, não obstante, a majestade de sua dignidade, eis que esta não deve faltar em coisa alguma.

CAPÍTULO XXII
DOS SECRETÁRIOS QUE OS PRÍNCIPES TÊM JUNTO DE SI
(De his quos a secretis principes habent)

Não é de pouca importância para um príncipe a escolha dos ministros, os quais são bons ou não, segundo a prudência do próprio príncipe. E a primeira conjetura que se faz da inteligência de um senhor resulta da observação dos homens que o cercam; quando são capazes e fiéis, sempre se pode reputá-lo sábio, porque soube reconhecê-los competentes e conservá-los. Mas, quando não são assim, sempre se pode fazer mau juízo do príncipe, porque o primeiro erro por ele cometido reside nessa escolha.

Não houve ninguém que, conhecendo o monsenhor Antônio de Venafro como ministro de Pandolfo Petruci, príncipe de Siena, deixasse de julgar este senhor como extremamente valoroso pelo fato de ter aquele por ministro. E, porque são de três espécies os homens inteligentes: o que entende as coisas por si, o que discerne o que os outros entendem e o que não entende nem por si nem por intermédio dos outros, o primeiro é excelente, o segundo é muito bom e o terceiro é inútil. Era inevitável, portanto, que se Pandolfo não se classificasse no primeiro grau, estaria, necessariamente, no segundo; porque, toda vez que alguém tem a capacidade de conhecer o bem e o mal que uma pessoa faça ou diga, mesmo que por si não tenha capacidade para solucionar os problemas, discerne as más e as boas obras do ministro, exalta estas e corrige aquelas, e o ministro não pode esperar enganá-lo, pelo que se conserva bom.

Mas, para que um príncipe possa conhecer o ministro, existe um método que não falha. Quando vires o ministro pensar mais em si do que em ti, e que em todas as ações procura o seu interesse próprio, podes concluir que este jamais será um bom ministro e nele nunca poderás confiar; aquele que tem o Estado de outrem em suas mãos não deve pensar nunca em si, mas sim e sempre no príncipe, não considerar coisas que não digam respeito apenas a ele.

Por outro lado, para o príncipe conservar um bom ministro, deve pensar nele, honrando-o, fazendo-o rico, fazendo-o participar das honrarias e cargos, a fim de que veja que não pode ficar sem sua proteção, e que as muitas honras não o façam desejar mais honras, as muitas riquezas não o façam desejar maiores riquezas e os muitos cargos o façam temer as mudanças. Quando, pois, os ministros, e os príncipes com relação àqueles, estão assim preparados, podem confiar um no outro; quando não for assim, o fim será sempre danoso ou para um ou para o outro.

CAPÍTULO XXIII
DE QUE FORMA SE AFUGENTA OS ADULADORES
(Quomodo adulatores sint fugiendi)

Não quero deixar de tratar de um ponto importante, de um erro do qual os príncipes só com muita dificuldade se defendem, se não são de extrema prudência ou se não fazem boa escolha. Refiro-me aos aduladores, dos quais as cortes estão repletas, dado que os homens se comprazem tanto nas suas coisas próprias e de tal modo se iludem, que com dificuldade se defendem desta peste e, querendo defender-se, há o perigo de tornarem-se menosprezados. Não há outro meio de guardar-se da adulação, a não ser fazendo com que os homens entendam que não te ofendem dizendo a verdade; mas, quando todos podem dizer-te a verdade, passam a faltar-te com a reverência.

Portanto, um príncipe prudente deve proceder por uma terceira maneira, escolhendo em seu Estado homens sábios e somente a eles deve dar a liberdade de falar-lhe a verdade daquilo que ele pergunte e nada mais. Deve consultá-los sobre todos os assuntos e ouvir as suas opiniões; depois, deliberar por si, a seu modo, e, com estes conselhos e com cada um deles, portar-se de forma que todos compreendam que quanto mais livremente falarem, tanto mais facilmente serão aceitas suas opiniões. Fora aqueles, não querer ouvir ninguém, seguir a deliberação adotada e ser obstinado nas suas decisões. Quem procede por outra forma, ou é precipitado pelos aduladores, ou muda frequentemente de opinião pela variedade dos pareceres; daí resulta a sua desestima.

Quero, a este propósito, aduzir um exemplo atual. Dom Lucas, homem do atual imperador Maximiliano, falando de Sua Majestade, disse que ele não se aconselhava com ninguém e não fazia nada a seu modo; isso resultava de ter costume contrário ao acima exposto. Porque o Imperador é homem discreto, não comunica a ninguém os seus desígnios, não pede parecer; mas, como ao serem postos em prática começam a ser conhecidos e descobertos, começam a ser contrariados por aqueles que o cercam, e ele, como é homem de opinião fraca, os desfaz. Resulta que as coisas que faz num dia são destruídas no outro e que não se entenda nunca o que ele quer ou o que deseja fazer, não podendo pessoa alguma basear-se em suas deliberações.

Um príncipe, portanto, deve aconselhar-se sempre, mas quando ele queira e não quando os outros desejem; antes, deve tolher a todos o desejo de aconselhar-lhe alguma coisa sem que ele venha a pedir. Mas deve ser grande perguntador e, depois, acerca das coisas perguntadas, paciente ouvinte da verdade; antes, notando que alguém por algum respeito não lhe diga a verdade, deve mostrar aborrecimento.

Há muitos que entendem que o príncipe que dá de si opinião de prudente, seja assim considerado não pela sua natureza, mas pelos bons conselhos que o rodeiam, porém, sem dúvida alguma, estão enganados, eis que esta é uma regra geral que nunca falha: um príncipe que não seja sábio por si mesmo, não pode ser bem aconselhado, a menos que por acaso confiasse em um só que de todo o governasse e fosse homem de extrema prudência. Este caso poderia bem acontecer, mas duraria pouco, porque aquele que efetivamente governasse, em pouco tempo lhe tomaria o Estado; mas, aconselhando-se com mais de um, um príncipe que não seja sábio não terá nunca os conselhos uniformes e não saberá por si mesmo harmonizá-los.

Cada conselheiro pensará por si e ele não saberá corrigi-los nem se inteirar do assunto. E não é possível encontrar conselheiros diferentes, porque os homens sempre serão maus se por uma necessidade não forem tornados bons. Consequentemente se conclui que os bons conselhos, venham de onde vierem, devem nascer da prudência do príncipe, e não a prudência do príncipe resultar dos bons conselhos.

CAPÍTULO XXIV
POR QUE OS PRÍNCIPES DA ITÁLIA PERDERAM SEUS ESTADOS
(Cur Italiae principes regnum amiserunt)

As coisas já referidas, observadas prudentemente, fazem um príncipe novo parecer antigo e logo o tornam mais seguro e mais firme no Estado do que se aí fosse um príncipe antigo.

Porque um príncipe novo é muito mais observado nas suas ações do que um hereditário; e, quando estas são reconhecidas como virtuosas, atraem mais fortemente os homens e os ligam a si muito mais que a tradição do sangue.

Porque os homens são levados muito mais pelas coisas presentes do que pelas passadas e, quando nas presentes encontram o bem, ficam satisfeitos e nada mais procuram. Antes, assumirão toda sua defesa, desde que não falte à palavra nas outras coisas. Assim, terá a dupla glória de ter dado início a um principado novo e de tê-lo ornado e fortalecido com boas leis, boas armas e bons exemplos; por outro lado, aquele que, tendo nascido príncipe, veio a perder o Estado por sua pouca prudência, terá duplicada a sua vergonha.

E, ao considerar aqueles senhores que, na Itália, perderam seus Estados nos nossos tempos, como o rei de Nápoles, o duque de Milão e outros, achar-se-á neles, primeiro um defeito comum quanto às armas, pelas razões que já foram expostas; depois, ver-se-á que alguns deles, ou tiveram a inimizade do povo, ou, tendo o povo por amigo, não souberam garantir-se contra os grandes, eis que sem estes defeitos não se perdem os Estados que tenham tanta força que possam levar a campo um exército. Felipe da Macedônia, não o pai de Alexandre, mas o que foi vencido por Tito Quíncio, tinha um Estado não muito extenso, em comparação com a grandeza dos romanos e da Grécia que o assaltaram; não obstante, por ser homem de espírito militar, que sabia ter o povo como amigo e garantir-se contra os grandes, sustentou por muitos anos a guerra contra aqueles; e se, afinal, perdeu o domínio de algumas cidades, restou-lhe o reino.

Portanto, estes nossos príncipes que tinham permanecido muitos anos em seus principados para depois perdê-los, não podem acusar a sorte, mas sim o seu próprio desleixo, pois, não tendo nunca, nos tempos pacíficos, pensado que estes poderiam mudar (o que é defeito comum dos homens na bonança não se preocupar com a tempestade) quando chegaram os tempos adversos

"Um príncipe prudente deve proceder por uma terceira maneira, escolhendo em seu Estado homens sábios e somente a eles deve dar a liberdade de falar-lhe a verdade daquilo que ele pergunte e nada mais."

preocuparam-se em fugir e não em defender-se, esperando que as populações, cansadas da insolência dos vencedores, os chamassem de volta. Esse partido é bom quando os outros falham, mas é muito mau abandonar os outros remédios por esse, pois não irás cair apenas por acreditar encontrar quem te levante; isso não acontece ou, se acontecer, não será para tua segurança, dado que aquela defesa se torna vil se não depender de ti. As defesas somente são boas, certas e duradouras quando dependem de ti próprio e da tua virtude.

CAPÍTULO XXV
DE QUANTO PODE A FORTUNA NAS COISAS HUMANAS E DE QUE MODO SE PODE RESISTIR
(Quantum fortuna in rebus humanis possit, et quomodo illi sit occurren dum)

Não ignoro que muitos têm a opinião de que as coisas do mundo sejam governadas pela sorte e por Deus, de forma que os homens, com sua prudência, não podem modificar nem evitar de forma alguma; por isso poder-se-ia pensar não convir insistir muito nas coisas, mas deixar-se governar pela sorte.

Esta opinião tornou-se mais aceita nos nossos tempos pela grande modificação das coisas que se observa todos os dias, independentemente de qualquer conjetura humana. Pensando nisso algumas vezes, em parte inclinei-me em favor dessa opinião. Contudo, para que o nosso livre arbítrio não seja extinto, julgo que pode ser verdade que a sorte seja o árbitro da metade das nossas ações, mas que ainda nos deixe governar a outra metade, ou quase. Comparo-a a um desses rios torrenciais que, quando se enfurecem, alagam as planícies, destroem as árvores e os edifícios, carregam terra de um lugar para outro; todos fogem diante dele, tudo cede ao seu ímpeto, sem poder opor-se em qualquer parte. E, se assim ocorresse, isso não impediria que os homens, quando a época era de calma, tomassem providências com anteparos e diques, de modo que, crescendo depois, ou as águas corressem por um canal, ou o seu ímpeto não fosse tão desenfreado nem tão danoso.

Da mesma forma acontece com a sorte, a qual demonstra o seu poderio onde não existe virtude preparada para resistir e, aí, volta seu ímpeto em direção ao ponto onde não foram construídos diques e anteparos para contê-la. E, se considerardes a Itália, que é a sede destas variações e aquela que lhes deu motivo, vereis ser uma região sem diques e sem qualquer anteparo, eis que se protegia por convenientes forças militares, como a Alemanha, a Espanha e a França, ou esse transbordamento não teria feito as grandes alterações que fez, ou não teria ocorrido. Penso que isto seja suficiente quanto ao que tinha a dizer acerca da oposição que se pode antepor à sorte em geral.

Mas, restringindo-me mais ao particular, digo por que se vê um príncipe hoje em franco e feliz progresso e amanhã em ruína, sem que tenha mudado sua natureza ou as suas qualidades; isso resulta, segundo creio, primeiro das razões que foram longamente expostas mais atrás, isto é, que o príncipe que se apoia totalmente na sorte cai em desgraça segundo as variações desta.

Creio, ainda, que seja feliz aquele que acomode o seu modo de proceder com a natureza dos tempos, da mesma forma que penso que seja infeliz aquele que, com o seu proceder, entre em choque com o momento que atravessa.

Isso decorre de ver-se que os homens, naquilo que os conduz ao fim que cada um tem por objetivo, isto é, glórias e riquezas, procedem por formas diversas: um com cautela, o outro com ímpeto, um com violência, o outro com astúcia, um com paciência e o outro por forma contrária; e cada um, por esses diversos meios, pode alcançar o objetivo.

Vê-se, ainda, de dois indivíduos cautos, um alcançar o seu objetivo, o outro não, e da mesma maneira, dois deles alcançarem igualmente um fim feliz com duas tendências diversas, sendo, por exemplo, um cauteloso e o outro impetuoso; isso resulta apenas da natureza dos tempos que se adaptam ou não ao proceder dos mesmos. Daí decorre aquilo que eu disse, isto é, que dois indivíduos, agindo por formas diversas, podem alcançar o mesmo efeito, ao passo que de dois que operem igualmente, um alcança o seu fim e o outro não.

Disto depende, ainda, a variação do conceito de bem, porque, se alguém se orienta com prudência e paciência e os tempos e as situações se apresentam de modo a que a sua orientação seja boa, ele alcança a felicidade; mas, se os tempos e as circunstâncias se modificam, ele cai em desgraça, visto não ter mudado seu modo de proceder. Nem é possível encontrar homem tão prudente que saiba acomodar-se a isso, seja porque não pode se desviar daquilo a que a natureza o inclina, seja ainda porque, tendo alguém prosperado seguindo sempre por um caminho, não consegue abandoná-lo.

Por isso, o homem cauteloso, quando é tempo de passar para o ímpeto, não sabe fazê-lo e, em consequência, cai em ruína, dado que se mudasse de natureza de acordo com os tempos e com as coisas, a sua fortuna não se modificaria.

O papa Júlio II, em todas as suas coisas procedeu impetuosamente e encontrou tanto os tempos como as circunstâncias coincidentes com aquele seu modo de proceder, pelo que sempre alcançou feliz êxito. Considerai a primeira campanha que iniciou contra Bolonha, sendo ainda vivo monsenhor Giovanni Bentivoglio.

Os venezianos estavam descontentes; o rei da Espanha, nas mesmas condições; com a França ainda discutia sobre sua campanha. Isso, não obstante, com ferocidade e ímpeto, deu início pessoalmente àquela expedição que, uma vez iniciada, fez com que ficassem suspensos e parados tanto a Espanha como os venezianos, estes por medo, aquela pelo desejo de recuperar todo o reino de Nápoles, de outra parte, arrastou consigo o rei da França porque, vendo-o esse rei em campanha e desejando torná-lo seu amigo para aviltar os venezianos, julgou não poder negar-lhe a sua gente sem injuriá-lo por forma manifesta.

O papa Júlio II realizou, portanto, com seu movimento impetuoso, aquilo que jamais outro pontífice, com toda a humana prudência, teria feito, pois se ele, para partir de Roma, tivesse esperado estar com todos os planos estabelecidos e todas as coisas assentadas, como qualquer outro papa teria feito, nunca teria obtido êxito. De fato, o rei da França teria apresentado mil desculpas e os outros lhe teriam incutido mil receios. Desejo omitir as suas outras ações, todas semelhantes e todas com feliz êxito, sendo que a brevidade da vida não o deixou experimentar o contrário, porque se tivessem sobrevindo tempos em que se tornasse necessário agir com cautela, certamente surgiria a sua ruína, pois jamais ele teria desviado daquele modo de proceder a que a natureza o inclinava.

Concluo, pois, que variando a sorte e permanecendo os homens obstinados nos seus modos de agir, serão felizes enquanto àquela e estes sejam concordes e infelizes quando surgir a discordância. Considero que seja melhor ser impetuoso do que dotado de cautela, porque a fortuna é mulher e consequentemente se torna necessária, querendo dominá-la, bater-lhe e contrariá-la; e ela mais se deixa vencer por estes do que por aqueles que procedem friamente. A sorte, porém, como mulher, sempre é amiga dos jovens, porque são menos cautelosos, mais afoitos e com maior audácia a dominam.

CAPÍTULO XXVI
Exortação para procurar tomar a Itália e libertá-la das mãos dos bárbaros
(Exhortatio ad capessendam italiam in libertatemque a barbaris vindicandam)

Consideradas pois, todas as coisas já expostas, pensando comigo mesmo se no momento presente, na Itália, corriam tempos capazes de honrar um príncipe novo e se havia matéria que assegurasse a alguém, prudente e valoroso, a oportunidade de nela introduzir uma nova organização que a ele trouxesse honra e fizesse bem a todo o povo, parece que há tantas circunstâncias favoráveis a um príncipe novo que não sei de uma época mais adequada para isto. E se, como já disse, para se conhecer a virtude de Moisés foi necessário que o povo de Israel estivesse escravizado no Egito, para conhecer a grandeza do ânimo de Ciro, que os persas fossem oprimidos pelos Medas, e o valor de Teseu, que os atenienses estivessem dispersos, também no presente, querendo conhecer a virtude de um espírito italiano, seria necessário que a Itália se reduzisse ao ponto em que se encontra no momento, que ela fosse mais escravizada do que os hebreus, mais oprimida do que os persas, mais desunida do que os atenienses, sem chefe, sem ordem, batida, espoliada, lacerada, invadida, e tivesse suportado ruína de toda sorte.

Se surgiu certo vislumbre de esperança em relação a algum príncipe enviado de Deus para a redenção da Itália, contudo foi visto depois, que o apogeu de suas ações foi abandonado pela sorte. De modo que, tornada a Itália sem vida, espera ela por aquele que cure as suas feridas e ponha fim aos saques da Lombardia, às mortandades no reino de Nápoles e na Toscana, e a cure daquelas suas chagas há muito enfistuladas. Vê-se como ela implora a Deus que lhe envie alguém que a redima dessas crueldades e insolências bárbaras. Vê-se, ainda, toda ela pronta e disposta a seguir uma bandeira, desde que haja quem a empunhe.

Nem se vê no presente em quem possa ela confiar a não ser na vossa ilustre casa, a qual, com a sua fortuna e virtude, favorecida por Deus e pela Igreja, da qual é agora príncipe, poderá tornar-se chefe desta redenção. Isso não será muito difícil, se procurardes seguir as ações e a vida dos que foram mencionados. E, se bem que aqueles homens tenham sido raros e maravilhosos, sem dúvida foram homens, todos eles tiveram menor ocasião que a presente: porque os empreendimentos dos mesmos não foram mais justos nem mais fáceis do que este, nem foi Deus mais amigo deles do que de vós.

É de grande justiça o que digo: *Justum enim est bellum quibus necessarium, et pia arma ubi nulla nisi in armis spes est* (Nota do tradutor: Justa é a guerra quando necessária, e piedosas as armas quando em nada mais resta esperança.)

Aqui há uma grande disposição, e onde esta existe não pode haver grande dificuldade, desde que se imite o modo de agir daqueles que apontei como exemplo. Além disso, aqui se veem acontecimentos extraordinários emanados de Deus: o mar se abriu, uma nuvem revelou o caminho, a pedra verteu água, aqui choveu o maná; todas as coisas concorreram para a vossa grandeza. O restante deve ser feito por vós. Deus não quer fazer tudo, para não nos tolher o livre arbítrio e parte daquela glória que compete a nós.

E não é de admirar se algum dos já citados italianos não tenha podido fazer aquilo que é esperado de vossa ilustre casa, e se, em tantas revoluções da Itália e em tantas manobras de guerra, parecer sempre que nesta a virtude militar esteja extinta. Isso resulta de que as suas antigas instituições não eram boas e não houve quem soubesse encontrar outras; e nenhuma coisa faz tanta honra a um príncipe novo quanto as novas leis e os novos regulamentos por ele elaborados. Estes, quando são bem fundados e em si encerrem grandeza, tornam o príncipe digno de reverência e admiração; na Itália não faltam motivos para introduzir qualquer reforma. Aqui existe grande valor no povo, enquanto ele falta nos chefes.

Observei nos duelos e nos combates individuais o quanto os italianos são superiores na força, na destreza ou no engenho. Mas, quando se passa para os exércitos, não comparecem. E tudo resulta da fraqueza dos chefes, porque aqueles que sabem não são obedecidos, e todos julgam saber, não tendo surgido até agora alguém que tenha sabido se sobressair pela virtude ou pela fortuna de forma a que os outros cedam. Daí decorre que, em tanto tempo, em tantas guerras feitas nos últimos vinte anos, sempre que se formou um exército inteiramente italiano, o mesmo deu mau exemplo, do que dão prova Taro, depois Alexandria, Cápua, Gênova, Vailá, Bolonha, Mestri.

Querendo, pois, a vossa ilustre casa seguir aqueles homens excelentes e redimir suas províncias, é necessário, antes de toda e qualquer outra coisa, como verdadeiro fundamento de qualquer empreendimento, prover-se de tropas próprias, pois não se pode conseguir outras mais fiéis e mais seguras, nem melhores soldados. E, ainda que cada um deles seja bom, todos juntos tornar-se-ão ainda melhores, quando se virem comandados pelo seu príncipe e por este honrados e mantidos. É necessário, portanto, preparar esses exércitos, para poder, com a virtude itálica, defender-se dos estrangeiros.

E, se bem as infantarias suíças e espanholas sejam consideradas terríveis, em ambas existem defeitos, pelo que um terceiro tipo de infantaria poderia não somente opor-se, mas confiar em superá-las.

Porque os espanhóis não podem enfrentar a cavalaria e os suíços deverão ter medo dos infantes, quando no combate os encontrarem obstinados como eles. Já se viu, e vê-se ainda, os espanhóis não poderem enfrentar uma cavalaria francesa e os suíços serem derrotados por uma infantaria espanhola. E, se bem deste último caso não se tenha tido plena prova, contudo viu-se uma amostra na campanha de Ravena, quando as infantarias espanholas se defrontaram com os batalhões alemães, que têm a mesma organização dos suíços; aí os espanhóis, com a agilidade do corpo e auxílio dos seus pequenos escudos, haviam-se colocado debaixo dos chuços alemães e estavam certos de feri-los e matá-los sem que os mesmos pudessem impedir; realmente, não fosse a cavalaria que os atacou, teriam eliminado todos os inimigos.

Pode-se, pois, conhecido o defeito de uma e de outra dessas infantarias, organizar uma diferente, que resista à cavalaria e não tenha medo dos infantes, o que dará qualidade superior aos exércitos e imporá a mudança de táticas. Estas são daquelas coisas que, reformadas, dão reputação e grandeza a um príncipe novo.

Não se deve, pois, deixar passar esta ocasião, a fim de que a Itália conheça, depois de tanto tempo, seu redentor. Nem posso exprimir com que amor ele seria recebido em todas aquelas províncias que têm sofrido por essas invasões estrangeiras, com que sede de vingança, com que obstinada fé, com que piedade, com que lágrimas. Quais portas se lhe fechariam? Quais povos lhe negariam obediência? Qual inveja se lhe oporia? Qual italiano lhe negaria o seu favor? A todos repugna este bárbaro domínio. Tome, portanto, a vossa ilustre casa esta incumbência com aquele ânimo e com aquela esperança com que se abraçam as causas justas, a fim de que, sob sua insígnia, esta pátria seja libertada e sob seus auspícios se verifique aquele dito de Petrarca:

> *Virtù contro a furore*
> *Prenderà l'arme, e fia el combatter corto;*
> *Ché l'antico valore*
> *Nell'italici cor non è ancor morto.*
> *(Armada contra o furor,*
> *Dirá a virtude, em rápido combate,*
> *Que nosso antigo valor,*
> *No peito italiano, não se abate.)*

Carta de Nicolau Maquiavel a Francesco Vettori

Ao magnífico orador florentino Francisco Vettori,
perante ao Sumo Pontífice e seu benfeitor.
*(Magnifico oratori Florentino Francisco Vectori apud
Summum Pontificem et benefactori suo.)*

Magnífico embaixador,
Tardias jamais foram as graças divinas. Digo isto porque me parecia não ter perdido, mas sim estar esmaecida a vossa graça, tendo estado vós muito tempo sem escrever-me; estava em dúvida de onde pudesse vir a razão de tal. E dava pouca importância a todas as causas que vinham à minha mente, salvo quando pensava que tivésseis retraído de escrever-me, porque vos tivesse sido escrito que eu não fosse bom guardião de vossos cartas; e eu sabia que, afora Filippo e Pagolo, outros, de minha parte, não as tinham visto. Readquiri essa graça pela vossa última de 23 do mês passado, pelo que fico contentíssimo ao ver quão ordenada e calmamente exerceis essa função pública, e eu vos concito a continuar assim, porque quem deixa as suas comodidades pelas comodidades dos outros, perde as suas e destes não recebe gratidão. Desde que a fortuna quer dispor todas as coisas, é preciso deixá-la fazer, ficar quieto e não lhe criar embaraço, esperando que o tempo lhe permita fazer alguma coisa pelos homens; então, será bem suportardes maiores fadigas, zelar melhor das coisas, e a mim convirá partir da vila e dizer: eis-me aqui. Não posso, portanto, desejando render-vos iguais graças, dizer nesta minha carta outra coisa que não aquilo que seja a minha vida, e se julgardes tal que valha trocá-la com a vossa, ficarei contente em mudá-la.

Aqui estou, na vila; depois que ocorreram aqueles meus últimos casos, não estive, somando todos, vinte dias em Florença. Até aqui tenho apanhado tordos à mão. Levantava-me antes do amanhecer, preparava a armadilha, ia-me além com um feixe de gaiolas ao ombro, que até parecia o Getas quando o mesmo voltava do porto com os livros de Anfitrião; apanhava no míni-

mo dois e no máximo seis tordos. E, assim, passei todo o mês de setembro. Depois esse passatempo, ainda que desprezível e estranho, veio a faltar com desgosto meu. Descreverei qual a minha vida agora. Levanto-me de manhã com o sol e vou a um bosque que mandei cortar, onde fico duas horas a examinar o trabalho do dia anterior e a passar o tempo com aqueles cortadores que estão sempre às voltas com algum aborrecimento entre si ou com os vizinhos. Acerca deste bosque eu teria a dizer-vos mil belas coisas que me aconteceram, bem como de Frosino de Panzano e dos outros que queriam desta lenha. Frosino, principalmente, mandou buscar certa quantidade sem dizer-me nada e, na ocasião do pagamento, queria reter dez liras que disse ter ganho de mim, há quatro anos, num jogo de cricca em casa de Antônio Guicciardini. Comecei a fazer o diabo: queria acusar o carroceiro, que fora ali mandado por ele, como ladrão. Enfim Giovanni Machiaveili interveio e nos pôs de acordo. Batista Guicciardini, Filippo Ginori, Tommaso dei Bene e alguns outros cidadãos, quando aqueles maus ventos sopravam, cada um me adquiriu uma pilha de lenha. Prometi a todos e mandei uma a Tommaso, a qual chegou a Florença pela metade, porque, para empilhá-la, ali estavam ele, a mulher, as criadas e os filhos, os quais pareciam o Gabburra quando na quinta-feira, com seus rapazes, abate um boi. De modo que, visto em quem eu depositava o meu ganho, disse aos outros que não tinha mais lenha; todos se encolerizaram e agastaram comigo, especialmente Batista, que inclui esta entre as demais desgraças de Prato.

Saindo do bosque, vou a uma fonte e, daqui, ao meu viveiro de tordos. Levo um livro comigo, ou Dante ou Petrarca, ou um desses poetas menores, Tíbulo, Ovídio e semelhantes; leio aquelas suas amorosas paixões, e aqueles seus amores lembram-me os meus; deleito-me algum tempo nestes pensamentos. Depois, vou pela estrada até a hospedaria; falo com os que passam, pergunto notícias das suas cidades, ouço muitas coisas e noto vários gostos e fantasias dos homens. Enquanto isso, chega a hora do almoço, quando com a minha família como aqueles alimentos que esta pobre vila e este pequeno patrimônio comportam. Terminado o almoço, retorno à hospedaria; aqui, geralmente, estão o estalajadeiro, um açougueiro, um moleiro e dois padeiros. Com estes eu me rebaixo o dia todo jogando cricca, trichtach, e, depois, daí nas cem mil conten-

das e infinitos acintes com palavras injuriosas; a maioria das vezes se disputa uma insignificância e, contudo, somos ouvidos gritar por São Casciano. Assim, envolvido entre estes piolhos, cubro o cérebro de bolor e desabafo a malignidade de minha sorte, ficando contente se me encontrásseis nesta estrada para ver se essa malignidade se envergonha.

Chegada a noite, retorno para casa e entro no meu escritório; na porta, dispo a roupa quotidiana, cheia de barro e lodo, visto roupas dignas de rei e da corte e, vestido assim condignamente, penetro nas antigas cortes dos homens do passado onde, por eles recebido amavelmente, nutro-me daquele alimento que é unicamente meu, para o qual eu nasci; não me envergonho ao falar com eles e perguntar-lhes das razões de suas ações. Eles por sua humanidade, me respondem, e eu não sinto durante quatro horas qualquer tédio, esqueço todas as aflições, não temo a pobreza, não me amedronta a morte: eu me integro inteiramente neles. E, porque Dante disse não haver ciência sem que seja retido o que foi apreendido, eu anotei aquilo de que, por sua conversação, fiz capital, e compus um opúsculo De Principatibus, onde me aprofundo o quanto posso nas cogitações deste assunto, discutindo o que é principado, de que espécies são, como são adquiridos, como se mantêm, porque são perdidos. Se alguma vez vos agradou alguma fantasia minha, esta não vos deveria desagradar; e um príncipe, principalmente um príncipe novo, deveria aceitar esse trabalho: por isso eu o dedico à magnificência de Juliano. Filippo Casavecchia o viu e vos poderá relatar mais ou menos como é e das conversas que tive com ele, se bem que frequentemente eu aumente e corrija o texto.

Vós desejaríeis, magnífico embaixador, que eu deixasse esta vida e fosse gozar convosco a vossa. Eu o farei de qualquer maneira; mas o que me retém por ora são certos negócios que dentro de seis semanas terei ultimado. O que me deixa ficar em dúvida se estão aí aqueles Soderini, aos quais eu seria forçado, estando aí, a visitar e a falar. Receio que ao meu retorno, pensando apear em casa, viesse a desmontar no Bargiello, eis que, se bem que este Estado tenha sólidas bases e grande segurança, ele é novo e, por isso, cheio de suspeitas; nem faltam sabidos que, para aparecer, como Pagolo Bertini, meteriam outros na prisão e deixariam a meu cargo os aborrecimentos. Peço-vos que me tranqui-

lizeis deste receio e, depois, dentro do tempo mencionado, irei visitar-vos de qualquer modo.

Discuti com Filippo sobre esse meu opúsculo, se convinha dá-lo ou não e, sendo acertado dá-lo, se era mais conveniente que eu o levasse ou que o mandasse. Não me fazia dá-lo o receio de que Juliano não o lesse e que esse Ardinghelli se honrasse com esse meu último trabalho. Por outro lado, dá-lo satisfaria a necessidade que me oprime, porque estou em ruína e não posso permanecer assim por muito tempo, sem que me torne desprezível por pobreza, isso além do desejo que teria de que esses senhores Médici passassem a utilizar-me, se tivesse de começar a fazer-me rolar uma pedra; porque, se depois não conseguisse ganhar o seu favor, lamentar-me-ia de mim mesmo, eis que, quando fosse lido o opúsculo, ver-se-ia que os quinze anos que estive no estudo da arte do Estado, não dormi nem brinquei, devendo todo homem achar agradável servir-se de alguém que, à custa de outros, fosse cheio de experiência. E da minha fidelidade não se deveria duvidar porque, tendo sempre observado a lealdade, não devo aprender agora a rompê-la; quem foi fiel e bom durante quarenta e três anos, que eu os tenho, não deve poder mudar sua natureza; da minha lealdade e bondade é testemunho a minha pobreza.

Desejaria, pois, que vós ainda me escrevêsseis aquilo que sobre este assunto vos pareça. A vós me recomendo. Seja feliz.

Florença, 10 de dezembro de 1513.
Nicolau Maquiavel

Nicolau Maquiavel, por Santi di Tito.